「1日1つ」で人生が変わる

幸せメンタルをつくる100チャレンジ

100 Challenges to Create a Positive Mindset

著者 まゆ姉

KADOKAWA

はじめに

上手に生きられない。仕事で失敗ばかりしてしまう。人と上手に関われない。すぐネガティブになってしまう。自分の見た目が嫌い。好きな人と結ばれない。それは全部自分のせい。こんな自分が大嫌い……。

「私がうまくいかないのは、変わりたくても変われないのは、私自身に問題があるんだ。努力が足りないからだ」――そう考えてしまっていませんか？

だからもっともっと頑張る……のは、やめてください。本当は、あなたは「頑張りすぎている」「難しいことをしすぎている」だけなのです。

多くの人が、自分を変えて人生を好転させるために、大きな目標を掲げては挫折し、かえって自信を失ってしまっています。まるで負のループ。

そうではなく、**あなたがやるべきことは実はとても簡単で小さなことなのです。**

突然語ってしまいましたが、あらためて自己紹介をさせてください。

私は大学卒業後、20代前半をキャバ嬢として過ごし、ナンバー1にもなりました。その後は

「インフルエンサー」として情報発信をしてきて、今ではたくさんの方に応援いただけるようにもなりました。現在は、会社を設立して、企業さまと協業してプロダクト開発をしたりオンラインフィットネス事業を監修したりしています。

こう書くと、みなさんは私が明るくて強い人だと思うかもしれません。しかし、私はもともとネガティブ思考で、自分に価値なんてないと思っていました。仕事も恋愛もなにもかもうまくいかない、「自分なんて」が口癖の人間で、今このように人前に出て仕事をしているのを当時の自分が見たらびっくりするでしょう。**自分を変えようとあれこれ努力してはばかり。なんで生きているんだろうと思っていました。**

それが今では毎日「幸せ！」「自分の人生、最高！」と思えているのはなぜか？

なにか特別なことをしたわけではありません。日常の中で誰でもできる、簡単な「小さなこと」を積み重ねただけなのです。

小さな小さな積み重ねが人生を大きく変えていく。あなたの人生を今よりちょっと良くする、簡単で小さく、とても大切なこと。

たとえば、「口角を上げる」。これは私が一番大切にしている「小さなこと」です。

今あなたは、これを読んでいる時、むっとした顔になっていませんか？　まずはちょっと、無理やりにでも口角を上げてみてください。

私は意識的に口角を上げるようにしています。一番大事なチャレンジとして本文の最初で紹介したので、詳しい説明はそちらを読んでいただくとして、実は口角を上げるだけで幸福度は上がるんです。

その効果を確信して、私は毎日ＳＮＳで「口角上げて！」と呼びかけることにしました。すると、たったそれだけのことなのに、「彼氏とうまくいくようになった」「前より雰囲気良いね！　と職場で言われて毎日が楽しい」「旦那との喧嘩が減った」「毎日が楽しくなった」などの声が、数えきれないほど寄せられたのです！

「そんなことで変わるわけない」——最初はみなさん、そう思うようです。**でも、こんなに小さなことだけど、行動が変わり、毎日が変わり、思考が変わり、周りの人の反応も変わり、そして、人生を変える力があるのです。**

本書はこのくらい小さくて簡単だけど、まるで魔法みたいに人生を変える力があるチャレンジを１００個集めました。まるでダメな日であっても、へとへとな日であっても取り組める簡単なものを中心に紹介しています。どれも私がずっとコツコツ続けてきたものですが、その効果は今の私を見ていただければ一目瞭然だと思います（笑）。ぜひ1日に1つだけ、トライしてみてください。

そして、この小さなチャレンジを1つやった自分を思いっきり褒めましょう。ちょっとでも自分を変えよう、人生を変えようと頑張ったあなたは、本当に努力家で素晴らしい！

「人生を変える」というと、難しそうに感じるかもしれません。いきなり10kgダイエットするのが難しいように、急いで変わるのは難しいものです。そうではなく、自分にできること、たった1つのことから始めればいいんです。小さな一歩を積み重ねることで自分をちょっとずつ好きになっていけたり、物事が好転するきっかけに、必ずなります！

できる・やりたいと思ったチャレンジ、どれから始めてもかまいませんよ。難しく考える必要はありません。1つでもできそうなことにトライする、それだけでえらいんです！　さぁ、一緒に小さな一歩を踏み出しましょう！

まゆ姉

TABLE OF CONTENTS

PART 2 休日&おうち時間でできるゆるチャレンジ

PART 6 人間関係が楽になるハッピーチャレンジ

PART 7 へとへとでなにもできない日の回復チャレンジ

Book Design：荻原佐織（PASSAGE） Illustrations：芝りさ Proofreading：鷗来堂 DTP：エヴリ・シンク Composition：伊藤瞳

本書のルール

一歩踏み出したあなたは天才です。なにかを変えようと行動した、それだけで始まっていて、前に進んでいます。努力のハードルは、下げる！自分を褒めるハードルもどんどん下げる！一歩ずつ、一歩ずつ、自分を好きになっていきましょう！

・どれでもできそうなものからやってOKです。
気分のままに1つやってみてください。

・1つでもできた後は、必ず自分を褒めましょう。
すぐにできない、すぐに身につかないのは当たり前です。
できない自分を絶対に責めないようにしましょう。
たった1つでもなにかできたら、
自分は素晴らしい、と絶賛してください。

・本書は、笑顔で読みましょう。「口角上げ」は、
本書を通じてトライしてみてください。

口角を上げる

意識的にゴキゲンを作る魔法

たったこれだけのことなのにちょっぴり気分が良くなって、さっきまで存在しなかった少しだけゴキゲンな自分に出会えます。ニコニコかわいい自分に気づいて、少しだけ自分を好きって思える。**口角を上げると、脳がゴキゲンと勘違いして実際に気分が上がる効果もあるのだそうです。**いつでもどんな時でもできるおまじないです。

さぁいま口角が下がってるあなた、口角上げてみて？　ハイ、かわいい♡

笑いながら不幸になるのは難しいものです。あなた自身のために、その笑顔を大切にしましょう。どんな時もきっと、あなたを優しく守ってくれます。

この本も、口角を上げながら読んでみてください。きっと素敵な時間が過ごせますよ。

口角アゲッ！　ハイ、かわいい♡

PART 1

自分を好きになる
自己肯定感UP
チャレンジ

胸に手を当てて「今から私を信じます」と唱える

一歩踏み出す勇気を持つ

自信を持つためには、自信を持つことがおすすめです！　「この人、なに言ってるんだろう？」と思いますよね？

私は、**自信とはなにかを成し遂げた人やスゴイ人だけが持てる特別なものではなく、〝根拠なく持っていいもの〟**だと思っています。

誰だって最初は実績も経験もありません。「その自信の根拠は？」なんて言われたら、新しいことに挑戦できなくなってしまいます。それなら無条件に「私ならきっとできる！」と思っていたほうが、うまくいきやすいと思いませんか？

「理由はないけど、とりあえず私は私を信じてみることにする」――これこそ誰でも持っていい、根拠なき自信です。ちょっと背伸びしていてもいいのです。**自信を本物にする努力は、後からいくらでもできます。**理由も後付けでかまいません。

自分の状況がどうであれ、これまでの結果がどうであれ、自分自身を信じることはできます。

もし、「私には無理」と思っても、そう思った自分に気づき、もう一度「自分を信じよう」と唱え直せば大丈夫。

自信を持っていて堂々としている人を批判する人もいますが、中には、誰かを下げることでしか自尊心を保てない人がいます。そういう人の言葉なら、気にする必要はありません。

まずは「今から私を信じます」と唱えてみましょう。自分だけは自分を信じてあげましょう。

自信に根拠は必要ない。

自分の中のゲームにタイトルをつけてみよう

なんでもゲームだと思ってみる

数年前、ＹｏｕＴｕｂｅチャンネルを始めた時のこと。当時はパートナーの彼との日常を動画にしていたのですが、数字は伸び悩み、登録者も増えたり減ったりでした。私は、「やるからには本気で頑張らなきゃ！」と切羽詰まっていたので、数字に一喜一憂して悲観的になることもしょっちゅうでした。

そんな私の横で「大丈夫、大丈夫♪」と言うパートナー。私を落ち着かせる意図もあったかと思いますが、「どうしてそんなに楽観的でいられるの？」と聞いてみたことがあります。彼の答えはこうでした。

「俺、仕事でもなんでもゲーム感覚なんだよね！　うまくいかなくても〝このステージきついな！　なんのアイテムが必要なんだ？〟みたいな。それでうまくいったら〝ラッキー〟みたいな感覚」。その言葉に、なんだか肩の荷が降りたような気持ちになったのを覚えています。

その考え方に感銘を受けて以来、私も「しんどい時こそゲーム感覚♪」を大切にしています。最近では「これはゲームだ！」と思いやすいように、モヤモヤや試練が来た時に「〝まゆクエスト〝始まった〜」と自分の中でゲームのタイトルをつけて楽しんでいます。
「大変そう……」と思っても、「いや、今はまゆクエスト中だから、ミッションくらいくるか。よーし敵倒すか♪」というように。すると、悩んでる時間もバトルやミッションと思えて、しんどい場面も楽しめるようになりました。大変な時こそ「面白くなってきた」と、ゲーム感覚で取り組んでみましょう。

人生はゲーム、何度だってやり直せる。気楽にいこう！

Q. 思い出しやすいようにタイトルをつけよう！　名前を入れてね！

〝＿＿＿＿＿＿＿＿＿＿クエスト！〟

誰も見ていないところで、良いことをする

見られていない時こそチャンスです

人前で良いことをして人に褒められたら確かに嬉しいですが、私は〝自分で自分を褒めること〟が一番自信につながると思います。

逆に、人前でどんなに善行を積んでいても、裏、つまり自分だけが知っている自分が「悪いことをしている」「良くない行いばかりしている」と感じていたら、本当に自分を好きになることは難しいと思います。「人の前でどうやったら褒められるか」ばかりうまくなってしまって、いつしか表向きの自分と裏の自分との乖離で苦しくなってしまいます。

自分で自分を褒めていける自分になるために、今日は誰も見ていない時に1つ良い行動をしてみましょう。そして、できた自分を「えらいぞ!」「いいね!」と、思いっきり褒めましょう。

ちょっとしたことでいいのです。たとえば、汚れているところを綺麗にする。ゴミをきちんと分別する。店員さんに親切に接する。募金箱やネットで募金する。トイレを綺麗に使う。デ

パートのトイレの順番を小さな子どもに譲る。電車で赤ちゃんを抱えたお母さんに席を譲る。車椅子の方やベビーカーを押している方、足腰の悪い方がエレベーターを待っている時は階段を使う。タクシーの順番を年配の方に譲る。綺麗に食べるように心がける。綺麗な言葉を使うようにする。なんでもかまいません。**ポイントは、「こんな自分好きだな」「胸を張れるな」と思えること。**

思いつくものたった1つでいいので、さっそくトライしてみましょう!

誰に嫌われてもいい、自分が嫌いな自分になるな。

ずっと「やめたい」と思っていたことを思い切ってやめてみる

逃げではなく、戦略的撤退

ダイエットでも、仕事でも、趣味でも、世の中は「すぐにやめるのは根性がない」という空気に満ちています。そのせいで私たちは、ダイエットに挫折した自分を必要以上に責めてしまったり、心が病むまでつらい仕事を続けてしまったり……。

月並みな言葉だけれど、私は声を大にして叫びたい！「嫌ならやめていい！」

私はつらいことをやめるのは〝逃げ〟だとは思いません。やめると選択することは、非常に勇気ある行動だと私は思います。

やめたい理由が明確になくてもいいんです。**「なんかつらい」「なんか無理」はあなたの心の叫びです。** それを無視してでも続けなければいけないことって、どれほどあるのでしょうか？ **幸せになるために生きているのに。明日死ぬかもしれないのに！**

たとえば無理に続けている人付き合いなどはありませんか？

実は私、大勢で集まるのが大の苦手です。今でこそ断ることができますが、以前は飲み会や

積極的三日坊主、上等。

女性同士でテーマパークに行くといったイベントなどに誘われても気が重く、「断ったら悪く思われるかな」「行くって言っちゃったし……」などと気にして、「参加をやめる！」という選択ができませんでした。

しかし、心身を大幅に消耗してしまっていることに気づき、「苦手なことはやめる」と決めて断るようにしました。すると時間的余白が生まれ、精神的に安定しました。

どんな人にも、探せば好きなことや得意なことがありますが、そういうことは誰に強制されなくても続けられるもの。そういうものに有限の時間を使いたいですよね。

今日は1つ、ずっと「やめなくちゃな」「やめたいな」と思っていたことを思い切ってやめてみましょう！　それで「芯がない」と誰かに思われたとしても、自分に嘘をつき続けるよりよっぽど精神的に良いと思います。あなたの大切な人生の時間は、できるだけハッピーなことに使いましょう！　咲く場所は自分で選んでいいのです。

無駄だと思うことを1つやってみる

人生に彩りを加える無駄の力

「ネイルをしていると、不便じゃない？」「カフェでコーヒーなんて、無駄じゃない？」「同じようなリップ、持ってるじゃん」「寄り道してないで、やるべきことに集中しなよ」

確かにそうかもしれません。だけど私は無駄なことこそ人生の幸福度を上げると信じています。

かつては私も機能的、効率的であることばかり気にしていました。無駄な時間を過ごすことがもったいなくて許せなくて、直接に意味のあることにしか興味がありませんでした。

だけどちょっぴり、無駄にアニメを見たり、なににもならないのにドライブしたりしてみたら、なんだか私の中にある〝自由〟が解放されるのを感じました。**「無駄かな？」と思うことも楽しむ余裕を持ってみたら、「なにに切羽詰まって生きていたんだろう」と、少し気が楽になったのです。**

それと実は、振り返ると**〝無駄っぽいこと〟の中にも、必ずなにか収穫があった**ように思います。

頑張りやさんのあなたは、時々でいいから機能的じゃないことが入るスキマを作ってみてください。

さぁ、新作のコスメを買ってみる？　道草しながら帰ってみる？　ペットボトルの飲み物をわざわざグラスに移し替えておしゃれに飲む？　出かけないけどお化粧しちゃう？

今日はなにか無駄だと思っていたことをやってみる日にしましょう。

無駄なことを愛すと、人生はちょっと楽しくなる。

人からのアドバイスをあえて無視してみる

人の言うことを鵜呑みにせず、直感を信じる

他人軸に振り回されずに自分の軸で生きるために、私は自分の直感を軽視しないようにしています。

とは言っても、私も以前は他人に振り回されてばかりの人生でした。仕事で「なにかおかしいな」と思っても「でもあの人のほうが経験豊富だし、相手が正しいはず」、人間関係で「この人はなにか変だな」と感じても「いやいや、すごい経歴の持ち主だし、きっとこの人が言うことが普通なんだ」と、自分の感じたことを自分で否定していました。

しかし後になってみると、あの時の直感を信じればよかったと思うことばかりでした。

もちろん、人の意見を素直に聞く心を持つことは大切です。**しかし忘れないでほしいのは〝相手もまた不完全な一人の人間である〟ということ。**どんなに素晴らしい功績を収めている人でも完璧な人はいません。

マリリン・モンローはこんな言葉を残したと言われています――「たとえ100人の専門家

が〝あなたには才能がない〟と言ったとしても、その人たち全員が間違っているかもしれないじゃないですか」と。

あなたにとっての最善の答えを一番よく知っているのはあなたの心です。今日からは自分の直感の力を信じてあげることも忘れずに。直感で突っ走って失敗しても良き学びになりますから、無駄にはなりません。自分の心の声をよく聞いて、自分軸を育てていきましょう！

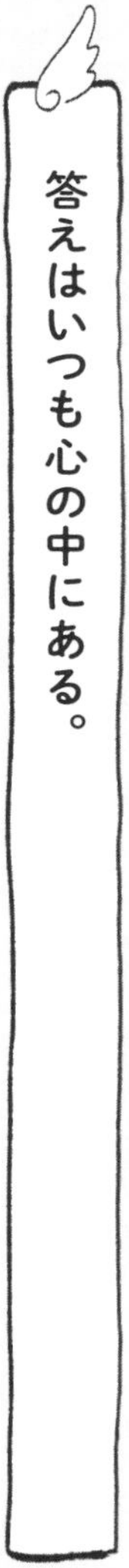

ネガティブ発言に「でも〜〜だ！」を付けて言ってみる

負の感情をポジティブに変換する、自分との約束

ネガティブな発言は自分自身だけではなく、周りの人の気持ちまで下げてしまいます。できるだけネガティブな言葉を使わずに過ごしたいですよね。

とは言っても、**無理やりネガティブ発言を禁止する必要はありません。**無理をすることで苦しみを溜め込んでしまったり、ポジティブに考えられない自分を責めてしまったりすれば元も子もないからです。

私もネガティブな言葉を使ってしまうことはありますが、そんな時に必ずすると決めている〝自分との約束〟があります。それは**ネガティブ発言の後に「でも〜〜だ！」とポジティブな言葉を付け足す**ことです。たとえば、道を間違えてしまったら「道、間違えちゃったよ……」のままで終わらせず、「道、間違えちゃったよ……でも新しい道を知れてラッキーだった！」と付け足すのです。

ふとした瞬間にネガティブな言葉を言う癖はなかなか直りません。ポジティブを心がけて数年経っても、ついつい口にしてしまいます。道を間違えただけ、レストラン選びを失敗したと

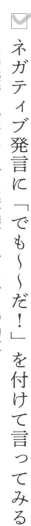

思ったただけでも「あっちのほうがよかったよね……」などと言ってしまいます。

だけど**ネガティブな発言をしたことに自分で気づいて、ポジティブな考えに修正することで、それをポジティブな事実として捉え直せます。**積み重ねるうちに、物事の良い側面を見る力も育って、ネガティブ発言の数じたいは減りました。

たとえネガティブな言葉を発してしまっても、すぐにポジティブな出来事として変換すれば大丈夫。一緒にいる人もきっと明るい気持ちになれます。意識して発言していると、パートナーや友人にも「そういう考え方ができるのはいいね！」と言われることもあります。

ネガティブな言葉ばかり言ってしまう自分を責める必要はありません。焦らず、「でも～～だ！」と付け加えてみましょう。

良いところを探すプロになろう！

とりあえず最初の1ステップを「やる」

行動するからやる気が出る

やらなければいけないことがあるのに、やる気が起きない時。「モチベーションを上げるにはどうしたらいいのだろう」と悩む方は多いでしょう。

実は、私はモチベーションはアテにしていません。本当は私もモチベーションが上がらない日だらけです。できることならダラダラしたいし寝ていたいし遊びに出かけたい。私がモチベーションをアテにして動いたとしたら、毎日寝て終わってしまう気がします。ではどうしているのか？

私はやる気が出ない時、モチベーションを無理に上げようとするのではなく、「とにかくやり始めてみること」にしています。

たとえば仕事のやる気が出なくても、とりあえず机に向かって座る。とりあえずパソコンを開く。とりあえずメールを一通だけ返す……とりあえずできそうなことから始めてみる。「できたらラッキー！」くらいの軽い気持ちで、「まず始める」ということを大事にしています。

すると、だんだん気持ちが乗ってきて「できちゃった」ということが多いです。100点を取ろうとせず、「1つでもなにか進んだらラッキー」という気持ちでやることで、「思ったよりできたぞ」という成功体験につながり、また明日も「とりあえずやろうかな」と思えるようになります。

やる気が出ないという時は、あえてモチベーションを上げようとせず「とりあえず、やってみる」こと。そして、**その日できることだけをまずやってみて、「できたらラッキー！」**という考えを大切にしています。

なにかしなければいけないことがあるのにやる気が出ないあなた。今日は、最初の1ステップだけ、ちょっとやってみましょう。

COLUMN

唱えるお守り1

「今日からはできるだけ人生を楽しむ」

一生懸命生きていると、
人生を楽しむという視点を忘れがち。
だけど私たちは苦しむために
生きているんじゃない。
幸せになるために頑張っているんだから。
これからは、
楽しむことを優先順位の一位にしよう。

PART 2

休日&
おうち時間でできる
ゆるチャレンジ

自宅用リップをつける

自分が楽しむためのリップで気分を上げる

家から出る用事がない日も、気分を上げてくれるお気に入りのリップをつけてみましょう。ニコッとしながらリップを塗る。顔がパッと明るくなる魔法にかかる。それだけでふとした瞬間、鏡に映った自分をちょっとだけ好きになれます。身につけるだけで心まで少し強くしてくれる気がするリップは不思議な存在ですね。

自宅用リップは誰のためでもなく、自分のためにつけるリップだから本当につけたいもの、気分にしっくりくるものを選びましょう。華やかなピンクも、憧れのレッドも、誰の目も気にすることなくつけられるのがお家リップです。

私はお家リップを2つ決めて、常に洗面所に置いています。1つは良い香りのするリップバーム。カラーは薄づきですが、なんとなく気持ちを上げたい時に使います。もう1つはしっかり色づいて落ちにくいティントタイプ。「家の中でもかわいくいたい！」という時や、気合いを入れて作業に取り組みたい時などに使っています。

実はメイクアップには、美しく彩り気分を高揚させる効果だけでなく、ストレスによる心理的不安を緩和する効果もあります。メナード化粧品の研究では、メイクアップ後に唾液中のストレスホルモンが減少したことがわかりました。

心も軽くしてくれるメイクアップの効果を、手軽なリップでおうち時間にも取り入れてみませんか。

ふとした瞬間にも「好きだ」と思える自分でいたい。

今から5分、スマホを隠す

やりたいことをやる時間を作る

このページを開いてしまったあなたは、今すぐスマホを見えないところに隠してください！

今から5分、スマホ禁止です！

「なんでそんな拷問を……!?」と、みなさんからのブーイングが聞こえてきそうです。この本に悪評がついたら、きっとそれはこの項目への恨みでしょう……。

私は自分がスマホに依存している自覚があるので、集中しなければならない時は、自分で自分のスマホを隠します。恐ろしいことに少しでも視界に入ると触ってしまうので、別の部屋の見えないところに追いやります。

スマホを隠すだけで「やらなきゃ」と思っていた、いろいろなことができてしまうからびっくりです。

手持ち無沙汰になって「ストレッチや筋トレに取り組むしかない」。やることがないから「掃除でもするか」。この調子で、ずっとしなきゃと思っていた片付け、読書、勉強などが、スマホがないだけで捗ってしまいます。**スマホから離れてみると、かなりの時間をスマホに奪われていることに気づくと思います。**初めは5分の〝脱スマホ〟から始めて、少しずつ時間を延ばしてチャレンジしてみてくださいね！　きっと良い結果が待っていると思います。

あなたに必要なのは、デジタルデトックスかも。

ジャズを聴く

時間の流れを緩めてリラックス

今日のおうち時間のＢＧＭには、ジャズを選んでみましょう。
ジャズは〝スウィングフィール〟という独特のリズムを持ち、速い曲調でも遅く感じるという特性があります。これにより、ジャズを流すことでゆったりと時が流れているように感じられ、自然とリラックスできるそうです。

ＹｏｕＴｕｂｅや音楽配信アプリで「朝　ジャズ」「夜　ジャズ」「カフェ　ジャズ」などと検索すればたくさん出てくるので、気分に合うものを探してみてください。優雅で特別な時間を、当たり前の日常にしてしまいましょう。

私はジャズに詳しくはありませんが、その効果を享受すべく毎日流して楽しんでいます。自宅でのんびり過ごす時間以外にも、机に向かって作業する時、パソコンと睨めっこする時、勉強中、本を読み耽る時、料理やお掃除の時にもおすすめです。なんとなく心の焦りを感じた時や、通勤通学中にも良いと思います。いつも忙しく働く脳に、ゆったりとした余裕が生まれます。私はジャズのリズムに合わせて動きながらタイピングしたりして楽しんでいます（笑）。

恥ずかしがらず、斜に構えず。あなただけの自由な時間をより良いものに。

きっといっそうリラックスして過ごせると思いますよ！　今日からジャジーな毎日を。

日常にリッチなエッセンスを。

〝幸せだけフォルダ〟を作る

良かった出来事を忘れない

10人に言われた「かわいい」より一人に言われた「ブス」が忘れられない……。そうしてくよくよと落ち込む時が私にもありました。

〝ネガティビティバイアス〟といって、人間はポジティブな出来事よりもネガティブな出来事のほうが、長く強く記憶に残ってしまう性質があります。

つまり、なんだか悪いことばかりに思えてしまう時も、実は良い出来事を忘れているだけかもしれません。

そうした理由から、私は良い出来事を忘れないために〝幸せだけフォルダ〟を作っています。そこには、ファンの方からもらったメッセージやお出かけした時の写真、愛猫の写真などを保存しています。

みなさんも「いつの間にか忘れてしまうポジティブな出来事」を今日からしっかり保存していきませんか？　今日はスマホの写真フォルダに〝幸せだけフォルダ〟を作って、自分にとって嬉しかったことや好きなものだけを保存してみましょう。

ルールは簡単。「見返した時に幸せになれる画像だけを集めること」です。

友達や好きな人にもらった嬉しいメッセージ、愛するペットのベストショット、最強に盛れた自撮り、推しの笑顔の写真など、「嬉しい！」「幸せ！」というものだけをフォルダに詰め込んでいきましょう。

後で見返した時、そこには幸せしかない世界！　見るだけで最強になれる、私だけのパワースポットの完成です。

人生はバランス。つらい分だけ幸せも必ずあるの。

「身の丈に合わない」と思うことを1つする

背伸びが自分を育てる

私は「身の丈に合っていないから」「私には分不相応だから」という言葉は使わないようにしています。**まだまだ発展途上の自分の限界を、今決めてしまってはもったいないと思うからです。**

着たことのない服に挑戦しなかったり、「あのお店は緊張するから」と買い物を諦めたり、使ったことのない高いコスメを試さなかったり。はたまた、レベルの高いセミナーやイベントに足を運ぶのをやめたり、無理かな？　と思ってしまう仕事を始める前に辞退したり。

「身の丈に合っていないから」と言って諦めていたら、いつまでたっても今以上にはなれない気がします。勝手に自分で「自分の身の丈はこのくらいだろう」と、たかをくくるのは悲しいことのように思うのです。

自分の限界を引き上げるのは自分。誰かが引き上げてくれるわけではありません。

そこで今日は、勇気を出して〝ちょっとした背伸び〟をしてみませんか？　あなたが少しだけ「身の丈に合わないかも」と思ってしまうようなことに、あえて挑戦してみましょう。

いつもより少しオシャレなランチを食べたり、これまで気後れして選べなかった鮮やかな色のスカートを買ってみたり、キラキラのちょっぴり高級なコスメを買ってみたり、有名な美容室に行ってみたり……。

ちょっとした背伸びを重ねるうちに、自然と〝身の丈〟は上がっていくと私は思います。

きっと、もっともっとトライできる自分になっていけますよ！

さぁ、気になっていたお店を予約する？　誰かを誘ってみる？　ワクワクしながら、トライトライ！

身の丈は、ちょっと背伸びしたぐらいがちょうどいい♡

ゆっくり、動く。〝ながら〟はヤメ！

焦る気持ちを抑えて、心と生活に余裕を取り戻す

私は数年前まで、とってもせっかちでした。誰に急かされているわけでもないのに、なにおいても「早くしなくちゃ！」といつも焦っていた気がします。

ところが、速く動こうとすればするほどミスが増える増える……。なんだかいつもイライラしている自分に気づきました。

そこで、思い切って急ぐことをやめて「ゆっくり、動く」を意識してみることにしました。**すると、イライラもミスも減って、結果的に時短にもなりました。ゆっくり丁寧に動いたほうが品があるように見えますし、余裕のある振る舞いは自信も感じさせます。**

現代人は体と心が「興奮モード」になりやすく、交感神経優位の人が多いそうです。そのうえ焦って速く動くと、より交感神経が活発になってしまいます。すると自律神経がいっそう乱れて、イライラや不調の原因になってしまうこともあるそうです。

焦らなくて大丈夫なので、今日は一つひとつの動作を意識して、ゆっくり活動してみましょう。

またその際は、〝ながら〟動作をやめるようにしましょう。たとえば、物を持ち上げ〝ながら〟立ち上がる……といったことをやめるのです。

まず、立ち上がる。そして、物を持つ。それから、歩き出す――このように、一つひとつの動作を意識して行うのがおすすめです。優雅なひと時を楽しむように、「オホホ……♡」とでも言いながら。

まずは今日、試しにゆっくり動いてみましょう。

時間は平等、落ち着いて大丈夫。

新しいことを1つ始めてみる

脳を楽しませながら思考から若返る

いつまでも若々しい自分でいたいなら、なにか1つ新しいことをしてみましょう！　**実は新しいことに挑戦すると、快楽物質とも呼ばれる神経伝達物質・ドーパミンが分泌されて脳の活性化にもつながるそうです。**いつも通りの毎日に＋α。できることからでいいので、ワクワクを定期的に補給しましょう！

私の場合、新しいＳＮＳや話題のアプリが出たらすぐに試してみたり、流行りの音楽を聴いたり、最近では最新のＡＩの機能で遊ぶようにしています。本当に興味があるというよりは、意識的に新しいものを常に取り入れようという思いからです。

死ぬまでにいろんな新しい楽しみを享受したい！　だって、そのほうがおもしろそう！　楽しいことがどんどん生まれてくるので、体力が持つ限り、なるべくたくさん楽しみたいと思うのです。移り変わりの早すぎる現代ではありますが、だからといって「私たちの若い頃は……」と言っている自分にはなりたくない、という思いもあります。

まずは「脳を喜ばせてやるか」くらいの軽い気持ちで、新しいワクワクに飛び込みましょ

う！　カンタンな運動、アプリゲーム、お菓子作りなど、できることでかまいません。なにか１つ初体験を始めてみてはいかがでしょうか？

いつもアップデートする私でいたい。

Q. 今日新しく始めたことを書いてみよう！

＿＿＿＿＿＿＿＿をやってみた！

変なダンスを踊る

つらい時こそ楽しい記憶を脳に蓄積させよう

「なんか気分が落ちそう……」そんな予感がした時、私は意図的に変なダンスを踊ることにしています。あえて楽しく身体を動かしてみる。それも、ちょっと変な動きなのがポイントです。なんだか笑えてきますし、もし周りに家族や友達、恋人がいれば、きっとその人たちも笑ってくれるのではないでしょうか？　大切な人が笑ってくれたら、それだけでも少しハッピーな気分に変わりますよね。

たとえ一時、気を紛らわす行為に過ぎなくても、笑えたりおもしろおかしく過ごした事実は、あなたの脳に蓄積されます。1日の中で、1週間の中で、1分1秒でも明るく過ごせる時間を増やしていきましょう。

踊った後に、また憂うつが襲ってきても大丈夫です。落ち込みそうな時間を一瞬でも楽しい時間に変えた事実はちゃんと脳に記憶されます。

日々を過ごす中で、〝あえてふざける〟気持ちを持ってみましょう。バカバカしくておもしろいことが、フッと肩の力を抜いてくれることもあると思います。

ダンスが苦手でも、ポイントは元気に体を動かすことだと思います。サンフランシスコ州立大学が行ったこんな実験の報告があります。被験者を2つのグループに分けて、1つのグループには反対の腕と脚でスキップする動作をさせ、もう1つのグループにはうつむいて歩くという動作をさせました。その結果、前者の動作をしたグループは気力がアップしたそうです。姿勢や動きは、心の状態に作用するのです。

つらい時こそおもしろダンス！　くだらないことで笑いましょう！

1分1秒でも、笑える時間を増やせたらいい。

地図を見ずに散歩に出かける

想定外の道を進むことで見つかるなにかがある

今日はまず、地図を見ずに、散歩に出かけてみましょう。

帰ってきたあなたに質問です。

なにに気づきましたか？　どんな気持ちになりましたか？

目の前に3本の道があったとして、どの道を行けば最も綺麗な場所にたどり着けるのか。できるだけ良い場所にたどり着きたい、手っ取り早くたどり着きたいがゆえに、スマホの画面の中の地図を見つめてただ進む――顔を上げて見渡せば、とても綺麗ななにかがあったかもしれないのに……。

これは散歩だけではなく、毎日の過ごし方にも言えると思うのです。**ゴールだけを目指しすぎて、誰かのちょっとした優しさを見落としてしまったり、楽しめたはずの遊びを逃してしまったり。**

確かに地図を見れば間違えることなく進めますが、時には地図をポケットにしまって、気持ちの赴くままに歩いてみませんか？　私はよくふらっと散歩に出かけますが、新しいアイデアが浮かんだり、素敵なコーヒーショップを見つけたり、今まで気づかなかった景色の良いポイントを見つけたりと、かなりの確率で良いことが起こります。散歩というリズム運動で脳が活性化される効果もあるでしょう。

地図と睨めっこしていたら見落としてしまうものも多いです。今日は、自分の思うがままに外を歩いてみましょう。

きっとこれは人生も同じ。最短・最適のルートからあえて外れて遠回りしたり、舗装されていない道を歩いてみたり。たとえ迷ってしまっても、新しい出会いや発見は必ずあなたの糧になるはずです。

地図はいらない。私が選んだ道なら、どの道も必ずゴールにたどり着ける。

1週間の振り返りをしよう

やったことを自分でしっかり認識する

精一杯生きているのに、時折自分だけなにもできておらず、前に進んでいないような気持ちになることはありませんか？　ＳＮＳを覗けば輝かしい活躍をするインフルエンサー、素敵な家庭を築いている友人、バリバリ仕事をしている同僚……。「私はみんなよりできていない」「ぜんぜん頑張れていない」と、取り残された気持ちになる時があります。

しかしどんな人も生きている限り、止まっている瞬間なんてありません。「私だけなにもできていない」ことはありません。

先週の自分が本当になにもしていないか、よく思い出してみてください。たくさん考えごとをした、面倒な仕事を終わらせた、友達を励ました、身体を休められた。ＳＮＳで報告できるようなことはなくとも、毎日毎週絶対なにかしているはず。そのぶん、前に進んでいるのです。**あなたが着実に進んでいっている事実を、自分で見逃さないようにしましょう。きちんと自分を評価することが、自己肯定感を高めることにつながります。**

自己肯定感を高めるうえでは、毎週の振り返りがおすすめです。〝自分はやれている〟と認識することが大切なのです。

週末には自分がその週やったことの振り返りをしましょう。小さなことでも思い返して、そして必ず褒めてあげます。振り返って、褒めて、着実に一歩ずつ前に進んでいきましょう。

大丈夫、ちゃんと進んでる。

Q. 次の質問に答えながら、1週間の振り返りをしましょう！

①この1週間どんなことをやりましたか？　なんでも書き出してみましょう。
②①を成し遂げた自分を褒めてあげましょう。
③次の1週間のテーマを考えましょう。なにを達成したいですか？

自分にとってちょっとお高めの靴を買う

素敵な場所に連れて行ってくれるもの

〝靴はとびきりいいものをはくの。その靴がいいところに連れていってくれるのよ〟――これは、漫画『花より男子　第2巻』(神尾葉子、集英社、1993年)で、憧れの女性として描かれる藤堂静が主人公の牧野つくしにかけるセリフです。貧乏学生だったつくしですが、新しいローファーを買う時にこの言葉を思い出し、つくしにとってはお高めの6900円の靴を買います。私の大好きなエピソードです。

子どもの頃に読んで「いつか自由に使えるお金ができたら、良い靴を買うようにしよう」と思い、大切にしてきたこの言葉。大人になり、お気に入りの靴をちょっぴり背伸びしながら手に入れられるようになりました。家に引きこもりがちな私ですが、「あの靴を履いて出かけてみようかな」と思うようになり、外に出る機会が増えました。**履く靴が変わっただけなのに気持ちが変わり、自然と背筋も伸びるように。不思議ですが、履いていると足元から全身に自信が巡るような気がします。**

機能的に見ても、やはり良いものは靴擦れが少なくなります。また、靴にふさわしく美しく立とうと背筋を整えるので、美容面でも良い方向に連れて行ってくれました。

今すぐには買えなくても、ぜひ今日は、自分にとって少しだけ奮発したお気に入りの一足を探しに出かけてみましょう。次のボーナスやお給料の目標にするのもおすすめです。そのために頑張ろうと思えます。

すでにとびきりの靴を持ってる方は、ピカピカに磨いてみましょう。

身につけるものの力を信じる。

気になる言葉を検索して、出てきた本を買う

知識の引き出しを増やす

知識の引き出しはあればあるほど、あなたの自信になります。**なにかあった時に不安になることが減るでしょうし、対応できる会話の内容が増えます。**「知っている」ということはあなたを強くしてくれます。

知識を広げるうえでのおすすめは、SNSの時代といえどもやはり本です。私も本を読むようになってから考え方や話の幅が広がり、自信につながりました。1000円ちょっとで人の頭の中や別の世界を覗くことができるなんて、とてもお得だと思っています。

本を読むことに慣れていないと、1冊読み終えるのもたいへんなことのように感じてしまう気持ちも分かります。

しかし本は教科書ではありません。**まずはなんとなく気になったタイトルの本を手に取ればいいのです。**本を読む習慣がない方は、読みたいと思った時にすぐ読めるようにそばに置いておくことから始めてみてはいかがでしょうか？　もしつまらなければ読むのをやめればいい

ですし、気になった箇所だけ読むのでも十分。このくらい気楽に考えておいたほうが、読む気になれる気がします。私は月間10冊ほど本を買っていますが、流し見することも多いです。

気になるコスメを検索するように、今日はなんとなく最近気になっているワードを自由に検索してみましょう。「PMS　本」「恋愛心理学　本」「コミュニケーション力　本」などなど。そしてなんとなく気になったタイトルをポチってみましょう。その〝1ポチ〟が素敵な出会いになるかもしれないですよ。はいポチー！

知識はあなたを強くしてくれる。

近くの自然スポットに出かけてみる

自然の力で心のデトックスをする

私は散歩をよくすると言いましたが、特にモヤモヤした時は近所の森林の中を歩くようにしています。**自然の中を歩いているうちに、なんだか〝毒〟が抜けていくというか、植物や大地が〝黒いもの〟を吸い取ってくれるというのでしょうか。**身も心も晴れ渡っていくのを感じられます。どんな悩みも「どうとでもなる！」という気持ちになれるので不思議です。私はこれを〝自然超回復〟と呼んでいます。

この〝自然超回復〟に気づいたきっかけは20代前半、パートナーと同棲したての頃。当時は毎日のように喧嘩をしていました。そのたびに、近所の自然豊かな大きな神社に出かけていましたが、しばらく木々の中をボーッと歩いていると、だんだん優しい気持ちになったり、ベタですが「なんて小さなことで悩んでいたんだろう」と思えたりしてくることに気づきました。しだいに、喧嘩するたびに「自然の中に行く」ことで互いの気持ちを落ち着かせるのがお決まりのコースになりました。

今となっては定期的に自然の力を借りることが私の習慣のひとつです。**実は自然を感じられる環境に行くことで、実際にストレスホルモンを減少させる効果もあるそうですよ。**

今日はぜひ、近所の森林、自然豊かな公園や神社などへ出かけて〝自然超回復〟を体験してみてください。できれば全身で自然の力を享受できるような空間がおすすめです。もし近くにちょうど良い場所がないという方は、家に植物を置くことでもリラックス効果はあるそうですよ。

自分にできるかたちでいいので、自然に触れる時間を作りましょう。

自然を前にすれば
大抵のことは「どうとでもなる」と気づく。

SNSのフォロー欄を整理する

マイナスな気持ちになる情報を視界に入れない

SNSは私たちにとって、今やなくてはならないツールのひとつになりました。新しいものや自分一人では見ることのできない世界を見ることができますし、うまく使えば私たちにとってたくさんのプラスを与えてくれます。

一方で、SNSは気をつけなければマイナスな感情のもとになりうるということに注意しなければなりません。私はSNSで発信者として活動していてその恩恵を享受していますが、**長くSNSを楽しみたいからこそ、できるだけSNSからマイナスを受け取らないように心がけています。**

まずできる対処法は、見るとマイナスになるアカウントはフォローしない、またはミュートして視界に入れないことです。嫌な発言や情報が流れてきてしまった時は、すぐに非表示にしておきます。気づいたらマイナスの渦に巻き込まれてしまうので、自分で防波堤を作っておくことが大切です。

ささいなことでも、嫌なものを繰り返し目にしてしまうと、心のエネルギーを吸い取られて消耗してしまいます。それに嫌なものはついつい気になって見てしまうこともあるので、よくありません。見ても「はぁ……」とため息をつく結果になるだけです。

それならば、その時間を少しでもハッピーなものを見る時間に変えましょう。元気をくれたり笑顔になれたりするものだけを見るようにしてみましょう。

今日はフォロー欄の整理をして、本当に見たいアカウントだけに厳選してみましょう。

身の回りを「好き！」だけで溢れさせよう！

トイレ掃除をする

掃除で気持ちもスッキリ

気持ちをスッキリさせたい時やダラダラした自分を切り替えたい時、私はいつもトイレを掃除します。なぜトイレなのか、理由は2つあります。

1つは、一般的に家の中で最も汚れやすいとされている場所だからです。だからこそ、トイレ掃除が億劫という方は少なくないのではないでしょうか。私は「人がやりたがらないことをあえてすることで、ブーメランのように幸せが舞い込んでくる」というのを信じているのですが、それを最も身近に実践できるのがトイレ掃除だと思っています。

もう1つは、**「汚れと一緒に嫌な気分もトイレの水に流してしまう」**という考え方からです。これは、フォロワーさんが教えてくれた言葉です。

まず、自分の心の中に溜まったモノを一掃するようなつもりでゴシゴシと掃除をします。そして**流す時には「モヤモヤ、じゃあねー!」と言いながら水を流すと、最後には絶対にスッキリした気持ちになれます。**

思い立った時にできるように、トイレの中の見えるところにお掃除シートを置き、使い捨ての手袋を常備しておくことで取り組みやすくしています。

掃除に没頭して「今、この瞬間」に集中すると、その時間だけでも嫌なことやストレスから離れられ、マインドフルネス効果（p．155）も得られます。

「心磨き」のつもりでお掃除！　水に流してスッキリ浄化しましょう！

嫌な気分はトイレで「水に流す」。

COLUMN

唱えるお守り2

「雨が降るから青空を愛せる」

急に落ち込んだり、不安になったり。
予測不能な自分の心に疲れてしまうこともある。
広大な空ですら泣いたり笑ったり、いつも気まぐれ。
だったら私たちもそれでいい。
どんな日も必要で、全部愛おしい私の毎日だ。

PART 3

1日の始まりが わくわくに変わる モーニングチャレンジ

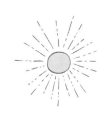

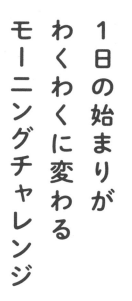

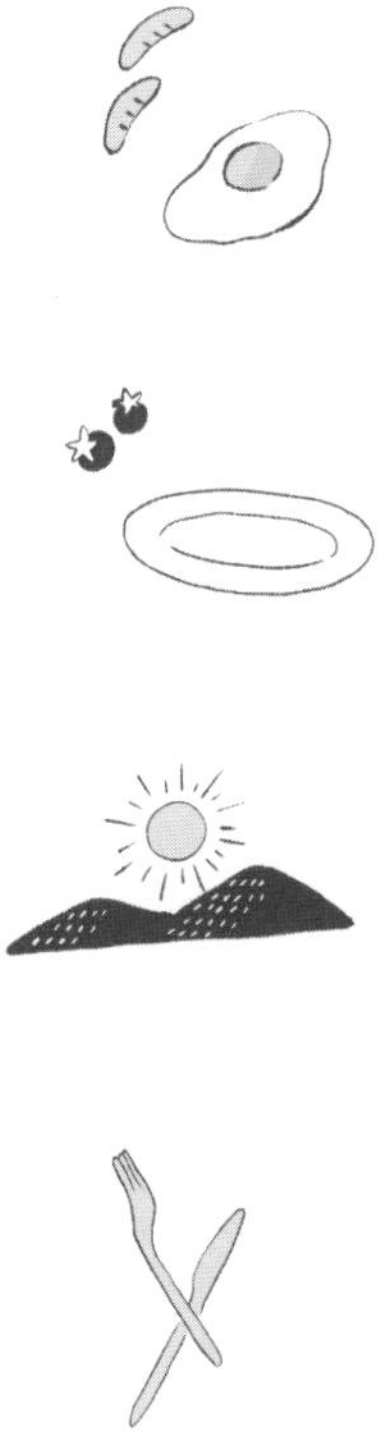

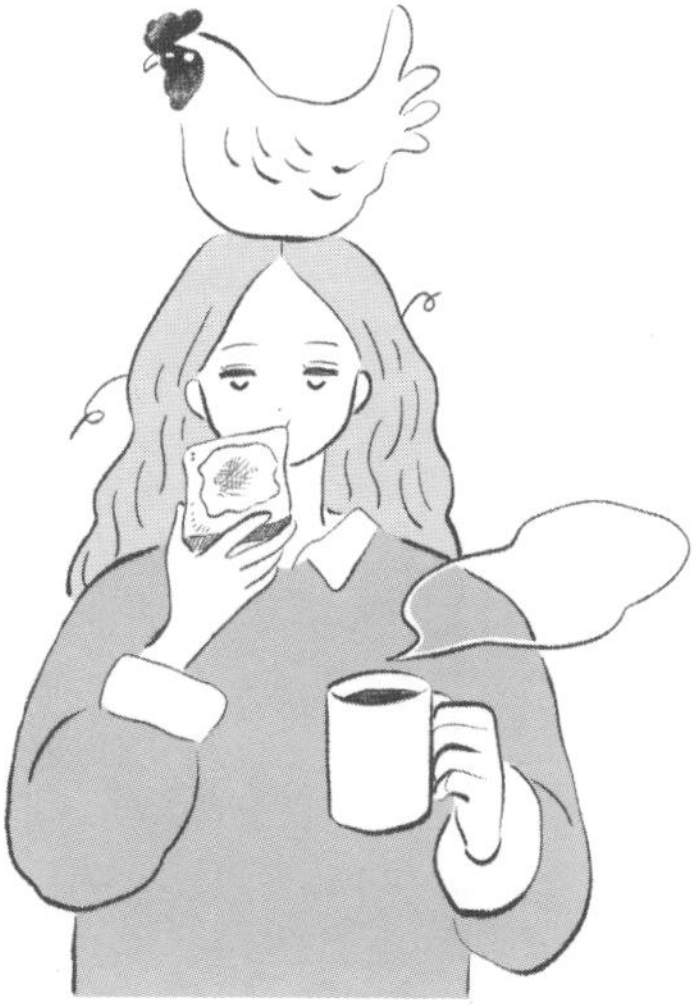

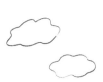

朝のご褒美を用意する
起きるための嬉しい理由を作る

私は学生時代から夜型人間でした。学校生活を苦痛に感じていたのもあり、朝が来て1日が始まることに対して、マイナスなイメージを強く持っていました。

長年の癖はなかなか直らないもので、大人になってからも毎朝の目覚ましが鳴るたびに絶望的な気分になってしまうのが悩みでした。起きた瞬間から気持ちが落ちていると1日の気分も下がってしまいます。かといって、根性で朝の気分が上がるわけでもありません。

そこで、毎朝自分だけのご褒美を用意するようにしました。**「起きたらあれが待っている！」と、ポジティブな気持ちで1日を始められるよう、報酬を用意してみたんです。**

私の場合は、大好きなカフェラテ。すると、カフェラテが楽しみで、すんなりベッドから出られるようになりました。

チョコレートが好きならお気に入りのチョコを朝の楽しみに。好きなフルーツで気分を上げるのもいいかもしれません。**「楽しみ！」と思えるものを、頑張って起きた自分へのご褒美に**

しましょう。起きるだけで十分えらいのですから！

明日からはご褒美のために起きましょう。朝が怖い、憂うつ……そんな気持ちが少しでも軽くなり、あなたの朝がほんの少しでも快適になりますように。

こんなに頑張って起きてるんだから、ご褒美くらい必要だわ。

カーテンを開けて朝日を浴びる

体内時計をリセットさせる

この朝はカーテンを開けて、しっかり朝日を浴びましょう。**朝日を浴びることで幸せホルモンのセロトニンが分泌され、ハッピーな気分を作ってくれるのだそうです。**また、リラックスモードの副交感神経から活動モードの交感神経に切り替わるので、心身にスイッチが入り「起きるぞ〜！」という気持ちになれます。

私は朝が苦手なので8時くらいに起きますが、起きたらまずは朝日をしっかり浴びて、身体を起こすようにしています。早起きが良いからと、頑張って朝5時〜6時に起きる生活をしてみたこともありますが、かえって調子が悪くなってしまいました。夜型・朝型の体質は遺伝的要素もあって仕方ない部分もあるそうなので、無理はしすぎないほうがいいのかもしれません。

そこで頑張って早起きするよりも「朝日が出ている時間にさえ起きられればいい。朝日だけは浴びよう」と心がけていますが、おかげでスッキリとした1日のスタートを切ることができています。

毎日続けるのがもちろん理想的ではありますが、まずは1日。時間帯はあなたにとっての「朝」でかまいません。**大切なのは、朝日が出ているうちに起きて、太陽の光をしっかり浴びること。**そうして体内時計を整えましょう。

ほら今日も、明るい日がやってきた♡

寝起きのベッドの上で、簡単なストレッチをする

眠っている身体をしっかり起こす

私が朝起きて一番にすることがストレッチです。

とは言っても、本格的なストレッチは、朝からできません。起き抜けにベッド上でカンタンな動きをするだけです。**寝ている間に縮こまった身体が伸びて、スッキリと起きられるようになりました。**今では欠かせない朝習慣です。

私がやっているストレッチを紹介しますので、ぜひ試してみてください。もちろん、自分に心地好いかたちにアレンジしてもかまいません。

朝一番に小さな成功体験を作ろう。

伸びで全身の血流を良くするストレッチ

❶

仰向けで両手を頭の上で組む。

❷

手のひらを返して外側に向け、頭上と足先で引っ張り合いをするように伸びる。

❸

息を吸った時に背中で地面を押すくらい深い呼吸を繰り返しながら伸びを30秒キープ。

土下座で腰ストレッチ

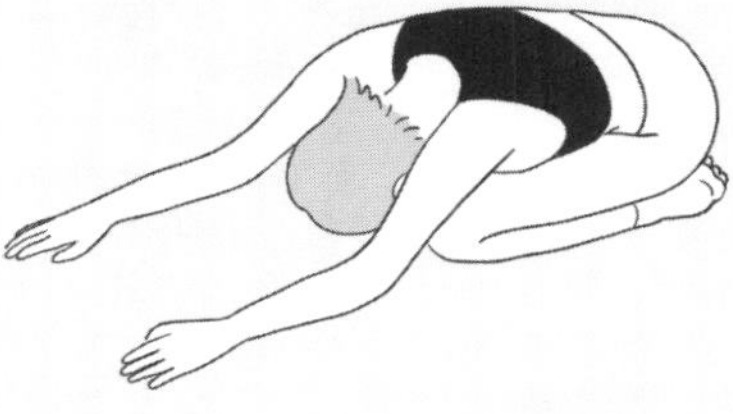

❶

正座をしてバンザイをする。

❷

息を吐きながら「ハハ〜ッ」とひれ伏すように上体を前に倒して30秒キープ。①の姿勢に戻り、同じ動きを3回繰り返す。

朝起きた瞬間、自分を褒め称える

ちゃんと起きた自分はとってもえらい

私は朝起きた瞬間、まず自分を褒め称えるようにしています。

正直なところ、起きるだけでもしんどいのに、私たちは本当によくやっていると思います。

ですが、そんな大仕事である〝起床〟をしても誰も褒めてはくれません……。だったら、自分で褒めてあげよう！　と思ったのがこの習慣の始まりでした。

毎朝目が覚めたら「天才、起床！」「世界が待っているから起きてあげるか」などと自分に声をかけてあげましょう。朝から自分を高める言葉を自分自身にかけることで、その日は「自己肯定感アップモード」になると思います。こうした積み重ねが、小さなことでも褒められる自分になるための一歩だと信じています。

「天才、起床！」

朝食にバナナを食べる

〝幸せ脳〟の土台を作る

どんなに「メンタルを整えたい」と願っても、神経伝達物質のバランスが崩れてしまっている状態では情緒不安定になってしまいます。

〝幸せホルモン〟と呼ばれるセロトニンは、ドーパミンやノルアドレナリンの暴走を抑え、心のバランスを整えてくれます。**バナナにはセロトニンの材料となるトリプトファンをはじめ、セロトニンの生成に必要な全ての栄養素が含まれています。朝食べるとより効果的と言われており、〝幸せ脳〟の土台作りにピッタリなのだそうです。**私は体内から幸福度をアップするためにほとんど毎朝バナナを食べています。忙しい時でも手軽に取り入れやすいのも嬉しいポイントです。バナナを朝の新習慣にして、幸せの土台を作りましょう！

何事も自分を大切にしてからがスタートです。

やる気が出ない朝は熱いシャワーを浴びる

残ってしまった心の疲れを洗い流す

私はやる気の出ない朝、活力を出すために「風呂は命の洗濯よ！」と言いながら熱いシャワーを浴びます。すると、お風呂から出る頃には「まあ、やるか」くらいになっていることが多いです。

この言葉は、アニメ『新世紀エヴァンゲリオン』（カラー）に登場するキャラクター・葛城ミサトの言葉。命の洗濯だと思うと、「ダラダラせずにさっさとお風呂に入って嫌な気分を洗い流してしまおう！」と思えるので気に入っています。

実際に、少し熱めのシャワーと水流は交感神経を活発にしてくれて、目が覚めたり身体が動かしやすくなったりする効果があるそうです。もちろん、心臓の弱い方や寝起きいきなりは控えてくださいね。

嫌な気持ちは洗い流してGo！

リズム運動をする

セロトニンの分泌を促す

朝の目覚めに、脚をリズミカルに動かす「リズム運動」を取り入れてみましょう。朝のリズム運動は、幸せホルモン・セロトニンを活性化し、うつ病の予防にもなるそうです。私は毎朝、窓を開けて外の空気や光を取り込みながら10分ほどステッパーか足踏みをしています。忙しければ室内でリズミカルに1、2、1、2……と足踏みするだけでもOK。実際に家の中をリズミカルに歩き回ってもよいです。好きな曲を聴きながらなら、さらにハッピー！　時間がある方は朝日も浴びられる散歩をするのが最もおすすめです。そこまでできなくても、リズム運動であればセロトニンを発生させられるそうです。**運動を始めて5分後くらいからセロトニンが分泌されますので、まずは最低5分。**20～30分で分泌はピークに達し、それ以上は逆効果にもなりかねないそうで、10分くらいでも十分だそうです。

ハッピーオーラは朝仕込む。

「今日の私の色」を決める

1日の気分をサポートしてくれる色のお守り

朝起きて一息ついたら、〝今日のテーマカラー〟を決めてみましょう。私は毎朝、「今日の私、何色っぽいかな？」と、気分に任せて思うままに決めます。

なぜそんなことを？　と思うかもしれませんが、**1日のテーマを色にたとえることで、今日をどんな風に過ごしたいかをハッキリさせてから1日を始められるのです。**

「なんだか今日はやる気に満ち溢れているから情熱の赤だな」「気分的にまったり過ごしたいからリラックスのグリーン」「今日は勝負。堂々と仕事をこなしたいから凛としたマゼンタ」「みんなにハッピーを振り撒くイエロー」と、こんな具合です。

色を決めておくメリットはほかにもありますが、**ひとつは1日の気分の波が穏やかになること**です。

たとえば、「朝は課題をやる気満々だったのに、電車に乗っている間に面倒になってきた」といった時に「いやいや、今日の私は赤よ!? 燃えるのよー!!」と気合いを思い出させ、気分を奮い立たせてくれます。または大勢の前で発言する日に「気合いを入れてきたはずなのに怖くなってきた……」という時。「私は凛としたマゼンタピンク。怖いものはないわ！」と気持ちを取り戻し、胸を張って挑むきっかけになります。

色を考えるタイミングは、ベッドでストレッチしながら考える時もあれば、コーヒーを淹れながら考えることもあります。通勤通学中に外の空気を感じながら考えるのもよさそうです。ぜひ楽しんで、今日の色を決めてみてくださいね！

気分に任せて今日を描こう。

COLUMN

唱えるお守り3

「完璧主義より最善主義」

完璧を目指すのはやめてしまおう。
真面目なあなたなら、
手を抜くくらいがきっとちょうどいい。
「白か黒か」思考を手放し、
完全ではない自分を受け入れて。
100%じゃなくても、
その時の最善を目指そう。そのほうがきっと、
挑戦できる自分になっていけるから。

PART 4

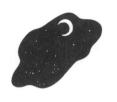

夜の不安を緩める ミッドナイトチャレンジ

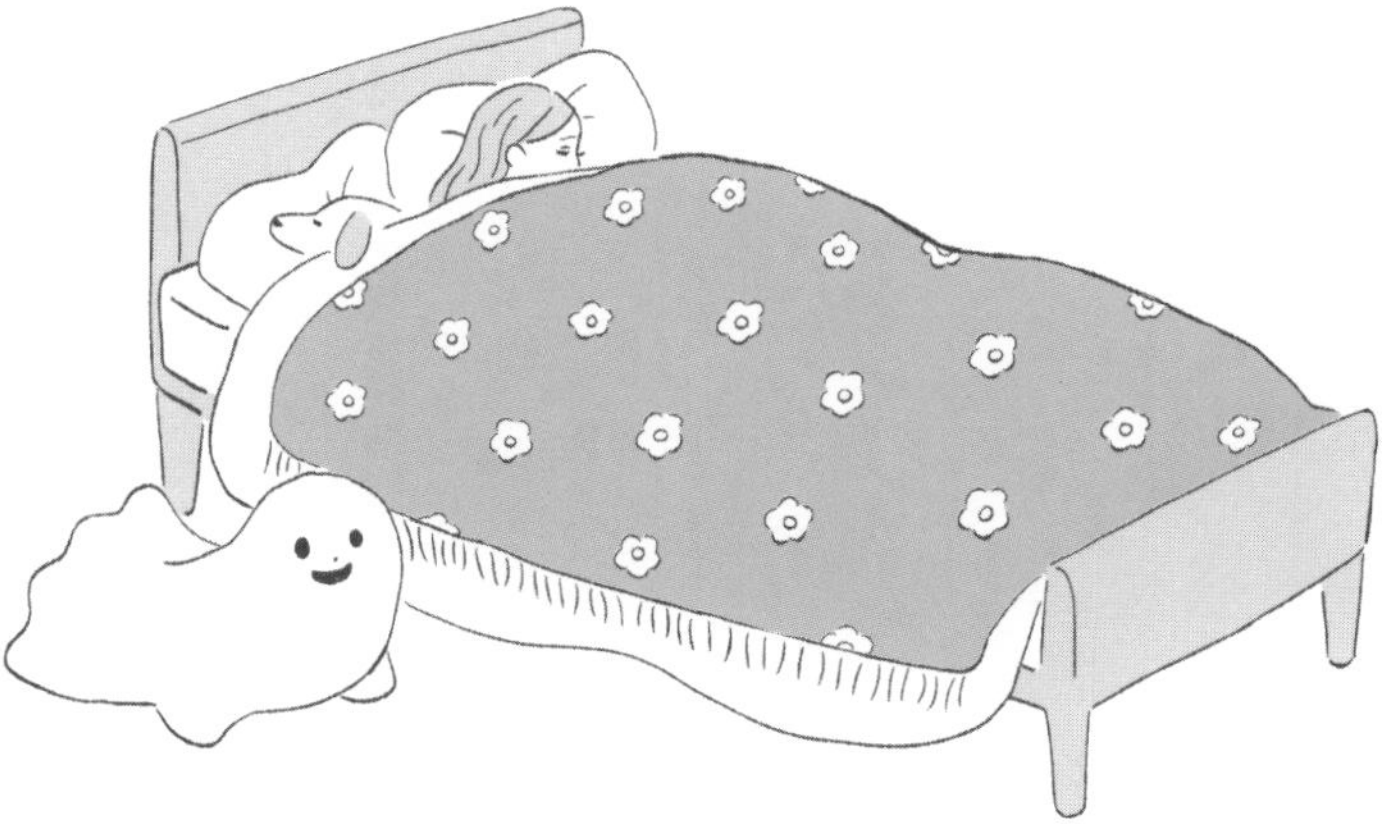

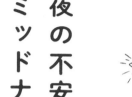

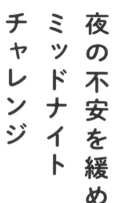

「はい終わり！」と言って寝る

きちんと1日を終わらせる

落ち込んでしまう日があっても大丈夫。悲しみやストレスも人間にとって大切な感情です。けれど、抑え込む必要はありません。**大切なのは、今日の負の感情を次の日に持ち越さないことです。**

今夜は寝る前に、胸の前で手を叩いて、「はい終わり！」と言葉に出して、きちんと1日を終わらせましょう。寝てしっかり回復して、また明日できることからやっていけばいいのです。

たくさん頑張ってヘトヘトになった心と身体を、今日のところはいったん労りましょう。「はい終わり！」また明るい日がやってくるまでお休みしましょう。

明日に期待しよう。「明るい日」と書いて明日なのだから。

寝る前に温かい甘酒を飲む

眠れない夜の入眠をサポート

実はブドウ糖や必須アミノ酸、ビタミンB群などの成分が多く含まれ、〝飲む点滴〟とも呼ばれている甘酒。温めて飲むと、夜の眠気を誘うために一役買ってくれます。身体が温まるだけではなく、やさしい甘さと香りに癒されてリラックスできます。甘酒に含まれるストレス緩和成分・GABAも、入眠をサポートしてくれているのだと思います。

読書などしながらゆっくり飲むのがおすすめです。私はいつも本を読みながら、温めた甘酒を楽しんでいますが、一杯飲み終わる頃には眠くなってしまいます。スマホを置いてゆったり楽しむことで安眠効果が期待できると思います。

甘酒は米麹から作られたものがお肌に良いとされています。身体のことを考えるならば、砂糖などが含まれていないものを選びましょう。

大丈夫、眠れるよ。そばにいるよ。

「夜の一人反省会は今日でおしまい」と宣言する

考えごとは、太陽が出ている間にする

夜にグルグル一人反省会をしてネガティブ沼に入り込んでしまう……という方は多いでしょう。

私ももともと夜に考えごとをするタイプでしたが、夜に考えごとをして良い方向に行ったためしがありません。「夜の闇に呑まれる」などとも言いますが、**そもそも夜は日中の疲れが溜まっていて、どうしても「闇モード」になってしまうのです。**

つまり、夜にグルグル考えているのは全部「闇モードのあなた」。**本来のあなたではなく、物事を正しく見ることができない状態になってしまっているのです。本来の自分ではない頭で考えてもあまり意味はありません。**ですから、これからは夜に考えごとの沼にハマってしまいそうになっても「今は闇モードの私だからやめよう」「今はツノ生えてるからダメ」と思うようにして、考えるのをやめてしまいましょう。

そして、夜の〝闇〟の時には考えない！　考えるのは朝の光の中！　と決めてしまいましょう。友人やパートナーに「夜の考えごとはネガティブになるからもうやめる」と宣言するのも

いいですよ。自分の中だけで思うよりも、宣言することでしっかり意識に浸透させられます。

1回でやめられなくても大丈夫。夜の一人反省会を始めそうになるたびに、何度でも宣言しましょう。何度も繰り返すうちに、慣れていきます。

夜は脳を休める時間。どうしてもなにか考えてしまう時は、本や映画などを楽しみ、インプットの時間にしましょう。アウトプットは朝！　が鉄則です。

光を目指して、闇を乗り越えるの。

まだ寝なくても夜は消灯

暗くするから眠くなる

夜型人間で、朝方4~5時にようやく寝つけるという生活を長年続けていた私ですが、夜9時頃から部屋全体の電気を暖色系の弱い光に変えるようにしたところ、0~1時頃には自然と眠れるようになりました。

「暗くすると眠くなる」というのは単純なことですが、とても重要です。**人間は目に入る光の量、明るさで朝・晩を判断しているそうです。**そう考えると、「寝たいから暗くする」というより、「暗くするから眠くなる」と考えるほうが理にかなっています。

寝たい時間の2~3時間前には暖色系の弱い光に切り替えましょう。スマホも見ないように。どうしても見たい時は画面を最大限暗くしましょう。暖色系の間接照明などを使ってみるのもおすすめです。安眠はあなたの力を最大限に引き出してくれますよ!

大人になっても、やっぱり「夜は消灯!」。

今日の「ありがとう」を3つ書く

誰かの思いやりに触れたことを思い出す

この当たり前に思える毎日も、誰かの思いやりに支えられています。今夜は、「今日の感謝」を3つ書き出してみましょう。例をいくつかご紹介します。

「友達へ　LINEで励ましてくれてありがとう」「パートナーへ　おはようと明るく声をかけてくれてありがとう」「同僚へ　仕事を手伝ってくれてありがとう」「SNSのあの人へ　元気の出る投稿をありがとう」「推しへ　今日も活動してくれてありがとう」。

「ありがとう」と思えることがない、と思うかもしれません。でも無理やりでもひねり出そうとしてみると、出てくるものです。フォロワーさんのいいね、たまたまカフェで隣だったマダムの装いが素敵で元気が出た、電気業者さんのおかげでWi-Fiが使えた……。無理してでも書き出すのがポイント。ちょっとずつ当たり前の毎日の見え方が変わってきますよ。

「ありがとう」は出し惜しみしない。

寝る前にロールオン・アロマをひと塗り

眠る時だけの贅沢なリラックスタイムを作る

ベッドに入ったら首筋にロールオン・アロマをひと塗り。私は毎晩気軽に使えるように枕元に置いて使っています。良い香りに包まれながら休むひと時は至福の時間です。

香りは目を瞑っていても感じられるもの。**日中、視覚から得る情報が多い私たちにとって、目を閉じていても感じられる香りはリラックス効果バツグンです。眠る時にしか味わえない贅沢で貴重な時間になります。**ちなみに、パートナーとのスキンシップの時にもサッと使えて、エチケットとしても便利ですよ。

私は安眠効果の期待できるベルガモット、スウィートオレンジなどをブレンドしたものを愛用しています。他にもラベンダー、サンダルウッド、ゼラニウムなども寝つきが良くなると言われています。ぜひ楽しんでみてくださいね！

香りは、目を瞑っていても感じられる〝癒し〟。

消灯後、窓から空を見上げてみる

仰向けの姿勢で深く呼吸をする

最後に夜空を見上げたのはいつでしょうか？

私は部屋の電気を暗くした後、窓から夜空を見上げることがよくあります。少しだけ窓を開けて外の空気を取り込みながら空を眺めていると、心が落ち着いていきます。星や月が見えると理由もなく嬉しくなりますし、この時間に良い言葉や新しい発想を思いつくことも多く、想像力を高めたい時などは効果的だと思います。**空を見上げて仰向けの姿勢になることで、自然と呼吸が深くなり、脳に酸素が届きやすくなるそうです。**

スマホやパソコンで下を向きがちですが、丸まった姿勢を伸ばし、肩の力を抜いてリラックスする時間が必要です。今夜は夜空を見上げて、広大な空の下で凝り固まった心と身体を解放しましょう。

広い宇宙の下では、なにを空想するのも自由。

明日の〝頑張る〟と〝楽しみ〟をセットで決めて寝る

タスクにはご褒美も用意する

「明日はこれを頑張ろう」と決める方は多いと思いますが、「明日はこれを楽しみにしよう」まで考えていますか？

私は〝頑張る〟と〝楽しみ〟はセットで考えるようにしています。たとえば「明日はこれをやったら気になっていた韓国ドラマを見よう」「明日は仕事を16時までに終わらせられたらコスメを見に行こう」「明日の打ち合わせの帰りにおいしいものを食べよう」……このように、**必ず「頑張ること＋楽しみにすること」をセットで考えておく**ようにしています。紙に書いたりスケジュール帳にメモしたりして、気持ちを高めることもあります。

私たちは、なにかを達成して認められた時や褒められた時、いわゆる「ご褒美」を得られた時などに、脳内の神経伝達物質・ドーパミンが分泌されます。**このドーパミンがやる気を高めてくれます。だったら、自分でそのご褒美を用意しておこう、というわけです。**

〝楽しみ〟を一緒に考えていなかった頃は、いつもスケジュール帳には「やらなくてはならないタスク」ばかりが並んでいました。なんだか常に「やらなきゃ、やらなきゃ！」と追われているような焦りがありました。

だけど本当に大切なことは、毎日を楽しむこと。そう思い、〝楽しみ〟をあえて一緒に準備することを心がけてみました。するとリフレッシュしてエネルギーチャージすることで、逆に効率が上がったり、アイデアがひらめくようになったりと、良いことづくめでした。

毎日漠然と、頑張る意志を貫くことは容易ではありません。明日頑張るために、活力になるものも一緒に仕込んでおきましょう。


苦しむために生きているわけじゃない。

幸せを感じるために生きているんだから。

COLUMN

唱えるお守り4

「私は運が良い」

私は運が良い。そう思い続けてきた。
自分は幸運だと思い込むことで
本当にそうなると信じているの。
運も、信じてくれる人のところに
行きたいだろうと思わない？
運を信じてあげることで
運に愛される自分になる気がするんだ。

PART 5

美容と健康を高める自分磨きチャレンジ

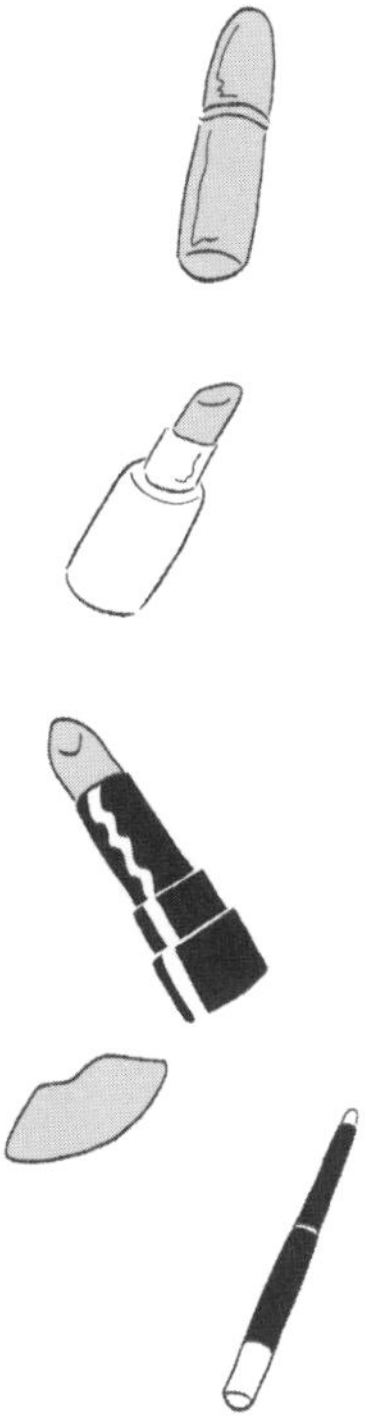

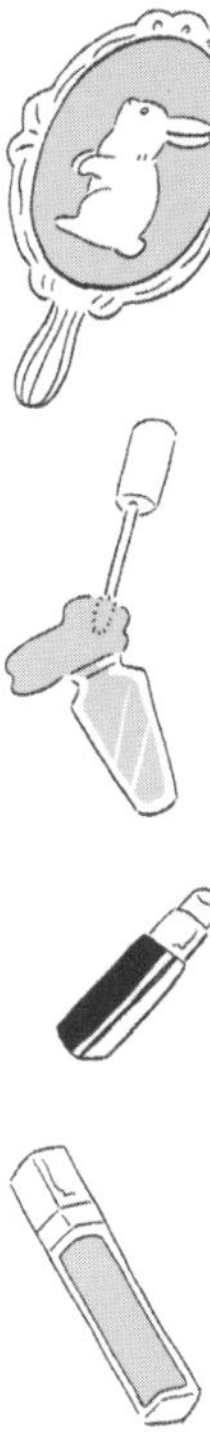

疲れてお風呂に入れない日も肌だけは潤わせる

スキンケアは心の水やり

なんだか憂うつな日は、「なにもかもどうでもいい！」と、全部を投げ出してしまいたくなります。心や体が疲れ切っている状態だと、自分のお世話をすることも億劫になってしまいますよね。

だけどそんな時こそ1分でいいから腰を上げて、肌に潤いをあげてみましょう。カサカサのお肌で過ごしていると、なんだか心も乾いたような気持ちになる気がします。**しかし、簡単でいいのでスキンケアをすると、心も潤ったような気持ちになれるはずです。**

実は、資生堂と東京都立大学との共同研究でも、肌へのセルフタッチ（自分で自分の肌に触れること）で不安感を抑制するなどのポジティブな脳の活動が発見され、幸福度が増大するということが分かっています。つまり、**優しく肌に触れることは、心のケアにもつながる**のです。

私も疲れてお風呂にも入れない日がありますが、そんな日もスキンケアだけはするようにしています。

肌と心はつながっている。

私は面倒にならないように、「手抜きの日用」「ちゃんとする日用」とケア用品を分けて用意しています。手抜きの日には、アミノ酸系の保湿ジェルとセラミド系クリームだけという簡単2ステップ。「保湿だけはする」というイメージです。

ちゃんとする日には、化粧水を5回に分けて肌に丁寧に浸透させた後、その時の肌状態に合った乳液やクリームを重ねます。〝化粧水5回〟は美容皮膚科のドクターに教わった保湿方法ですが、私はこれだけでかなり潤い感がアップしたように感じています。

頑張っているあなただからこそ、自分を労る気持ちで潤いを補給しましょう。

ピラティス式呼吸で身体と心を整える

酸素を全身に届けてリフレッシュ

私はボディメイクとメンタルケアのためにピラティスに通っています。きっかけは自分の呼吸が浅いと感じたからでしたが、続けるうちに、ピラティス式の呼吸が身体と心に良い影響を与えているのを実感しています。心に余裕がない時などには呼吸が浅くなりがちですが、**呼吸が上手にできないと、ぽっこりお腹になる・鎖骨が埋まる・肋骨がぼこっと出る・巻き肩が悪化するなど、美容にも悪影響があるそうです。**

ピラティス式の呼吸は基本的に肋骨に空気を送り込む胸式呼吸です。正しく行えばインナーマッスルが鍛えられて美しいボディラインになることが期待できます。不安を感じた時やイライラした時の心のリフレッシュにも効果が期待できますよ。

美容もメンタルケアもまずは呼吸から。一緒にやってみましょう。

呼吸、忘れてない？

❶

脚をこぶし1個分くらい開き、両手を肋骨に添える。肩は力を抜いてリラックス。添えた手で肋骨が膨らむのを確認しながら、鼻から大きく5秒で息を吸い込む。肩が上がらないように注意。

❷

5秒息を止める

❸

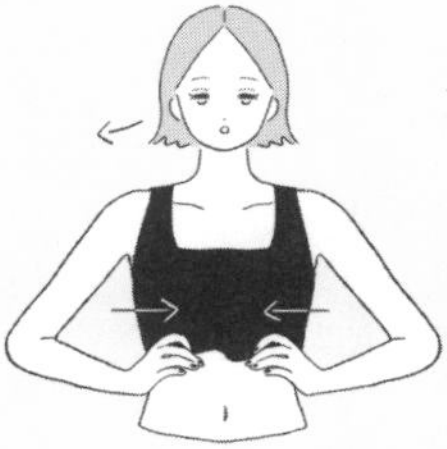

肋骨が閉じていくのを感じながら口からふぅーっと5秒で息を吐き切る。

❹

5秒息を止める

❺

❶〜❹までを5回繰り返す。

スクワットを1回だけする

自分ができる超・最低ラインの運動をする

ダイエットの成功に大事なことは習慣化です。しかし、最初から「スクワット100回」など高い目標を掲げても、挫折するのは当然です。それなら「スクワット1回だけはやる」を目標にしてみませんか?

ダイエットについて調べていると、「スクワットは最低○回やらないと効果がない」などと、いろんな情報が出てくると思います。**実際、しっかり効果を得るためにはやるべき一定のラインはあるでしょう。しかしそれよりも、まずは一歩を踏み出すことが大事だと私は思います。**

高いハードルに恐れおののくより、一歩を踏み出すための気持ち作り。今日は1回だけスクワットをしましょう。1回やれば十分です。

たとえ1回だけであっても、毎日やることが当たり前になれば、それはもう素晴らしいこと。続けていくうちに「今日は1回じゃなくて5回してみようかな」「10回にしようかな」などと思えたら、大大大成功です！

私の場合は「ダンベルを持って1回だけスクワットする」「ステッパーに乗るだけ乗ってみる。飽きたらやめる」といったように、自分ができる最低ラインの目標を立てて、とにかくやってみるようにしています。すると気づけば10分もできていたりします。

一歩を踏み出すことが一番大事。ハードルは極力下げちゃいましょう！

笑っちゃうほど小さな目標を掲げよう。

かかとの上げ下げ運動をする

いつでもどこでも、むくみ&冷え対策

私が美脚のために室内外どこでも取り入れている、とても簡単な運動を紹介します。左ページ図のように、かかとを上げ下げするだけ。腰が反ったり、片側だけに重心が寄らないように気をつければ、ほかに細かなルールはありません。今すぐ1分間やってみましょう！

ふくらはぎの筋肉はポンプ役となることで全身に血液を巡らせており、「第二の心臓」と言われています。このポンプの動きが悪くなると、むくみやすくなったり冷え性になってしまうことも。

脚の血流を良くすると全身の血流が促進され、むくみや冷えの軽減が期待できます。また、脳の血流アップも期待できます。カンタンに言えば頭が冴える！　**運動中は左右の足の裏に均等に体重をかけるように意識しながら行うのがおすすめ**です。すると集中したことによる爽快感も得られますよ。

私は歯磨き中や駅で電車を待つ間など、隙間時間に取り入れています。オフィス、家事の最中、電車の中など、どこでもサクッとできるので、気づいた時にやってみてください。

簡単なことの積み重ねで、理想のボディを一緒に目指しましょう！

できることをやろう。人と比べず自分のペースで。

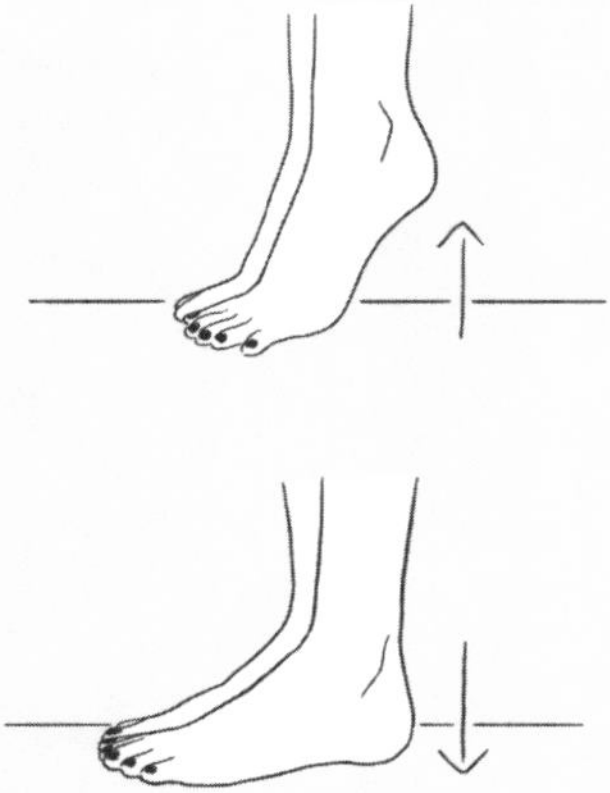

この時、左右の足の裏に均等に
体重がかかっていることを意識。
腰が反らないように注意。

ジャンクフードを見かけたら目をそらす

なりたい自分になる選択をする

とてもおいしいお菓子やファストフードですが、ダイエットや美容のためには我慢も必要です。実はファストフードなどのロゴを見るだけでも幸福度がちょっと下がるという研究報告があるのはご存じですか？　「ファストフード＝早い、効率的」などのイメージから、焦りを感じて集中力が下がってしまったり不安感が高まったりするのだそうです。

それを知って以来、私はお菓子やファストフードが視界に入ってもなるべく見ないようにしています。目に入らなければ食べたいと思わなくなり、買うことも減りました。

美容にとって良い選択ができて、ちょっと幸せになるなら一石二鳥。今日はファストフードを見つけたら、「まわれ右！」してみましょう！

〝今、なにを大切にしたいか〟で選ぶ。

美容味噌汁を作る

自分らしく継続できる美容レシピ

19歳で美容やダイエットに目覚めて以来、ほぼ毎日欠かさず飲んでいるのが味噌汁です。私は味噌汁こそ最強の美容&ダイエット食だと思っています。**腸内環境を整えることがダイエットや美肌の第一歩。発酵食品はその強力な味方です。**

美容やダイエットは継続が要ですが、手の込んだ料理を毎日作り続けるのは大変。味噌汁なら料理が苦手でもサッと作れて習慣化できるので、ズボラな私でも続けられました。

私のお気に入りは、刻み生姜と玉ねぎ入りの味噌汁。玉ねぎは栄養価が高く、生姜は身体を温めてくれます。また味噌は鍋にそのまま投入せず、器であらかじめ味噌をとくのがこだわり。味噌に含まれる酵母が熱で壊れるのをなるべく防ぐためにそうしています。

ぜひ、あなたならではのお気に入りの美容味噌汁レシピを考案してみませんか？

食事は美を育む時間。楽しんで！

玄米おにぎりを冷凍常備する

主食にも間食にも便利な一品

太りにくくて、お腹いっぱいになって、お通じも良くなって、美肌も期待できる……そんな魔法みたいな食べ物ないかな？　と思ったことはありませんか？

イエス、玄米！　玄米は白米よりも血糖値が上がりにくく食物繊維やビタミンも豊富で、ダイエットに最適な食材です。私はいつでも食べられるようにお休みの日にまとめて炊いて、軽く塩を振り、冷凍おにぎりにして常備しています。常備しておけば、お腹が空いた時にすぐ「玄米おにぎりを食べよう」と思えて、便利ですし、美容にとっても良いことずくめ。最近では、お昼ごはんの主食は大体玄米おにぎりです。白米よりも消化されにくいこともあるので、よく噛んでゆっくり食べましょう。

私は小腹が空いた時の間食にも、玄米おにぎりを食べることが多いです。「間食にごはん!?」と気が引ける方もいると思いますが、**お菓子を食べるよりもビタミンやミネラルなどを摂取できますし、腹持ちもばっちり。**コンビニやスーパーで「お菓子を買おうかな？」と思った時に、「冷凍庫に玄米があるからいいか」と、我慢できることも増えました。

もちろん、玄米だけで健康になれるわけではありませんし、食事はバランス良く食べることが大切ですが、きちんと食べながらヘルシーボディを目指せる玄米は美容の味方。

チンするパックでもいいので、今日は玄米を買ってきて、今すぐ冷凍おにぎりを作りましょう！

ダイエットとは、健康な身体を目指すということ。

お気に入りの香りを本気で探す

定番になる「私の香り」を見つける

人間は耳や目から得る情報より、香りを強く記憶していると言われています。もしかしたら服や声以上に、**香りこそが自分の印象を決めているかもしれない**のです。だからこそ、自分が纏う香りにはこだわりたいものです。

私は何年も前から決まった香水を使い続けています。それまでいろんな香水を試しましたが、最も〝しっくり・ビビッ〟ときた2つを気分で使い分けて愛用しています。

2つとも今のパートナーに出会った頃からつけているのですが、私の第一印象を聞くと「とにかく、いつも良い匂いだった」と言います。恋を叶えるアイテムだったのかもしれません。最近は家にいる機会が多いので香水の出番は少ないのですが、お出かけの時にそれらをつけると「出会った頃を思い出す」とパートナーに言われます。香りは長く記憶に残るアイテムというのが分かりますよね。

あなたの印象になる香りの効果は侮れません。「まだお気に入りの香りがない」という方は、今日は「運命だ！」と思うものを探す旅に出てみましょう！　直感で選ぶのもいいですし、恋人や親友などあなたのことをよく知る人に、イメージと合うものを選んでもらうのもよいでしょう。

香水が苦手な方は、好みの香りのボディクリームなどでもいいと思います。ぜひあなたらしい香りを見つけて、定番にしてみましょう。

香りはあなたの一部。

ルイボスティーを飲む

利尿作用でむくみ対策

私がむくみ対策に愛飲しているのがルイボスティーです。むくみを解消するためにサプリメントもいろいろ試しましたが、個人的にはルイボスティーがお気に入りです。

特に撮影などでどうしてもむくみを解消したい時にかなり助けられています。**お茶の中に含まれるカリウムが余分なナトリウムを尿として排出してくれるのだそうです。**

むくみのほかにも抗酸化物質によるアンチエイジングやマグネシウムによる便秘解消も期待できます。

夏は冷やして飲むこともありますが、基本的に私はいつもホットで飲んでいます。冷えもむくみにつながるためです。ノンカフェインのものなら、時間を気にせずいつでも飲めるのも嬉しいポイントです。

スーパーなどでも手軽に手に入るルイボスティーですが、私は農薬や肥料を使わない有機ルイボスティーを選ぶと、より本来の自然な味わいを楽しめる気がしておすすめです。またルイボスティーは独特の風味があるので苦手という方もいると思います。そういった方にはハイビスカスティーなどむくみ緩和の効果が期待できるハーブティーもおすすめです。私は気分に合わせて使い分けています。

身体が軽くなると、心も軽くなる気がするの。

暴飲暴食は栄養が摂れるもので

ヘルシーなチートデイにしてしまおう

ダイエットをしていても、どうしても暴飲暴食したくなる日もありますよね。ついつい食べすぎてしまって自己嫌悪に陥ることもあるかもしれませんが、私は時々ならそんな日があっても全く問題ないと思っています。

もちろん毎日安定した食生活を送るのが理想ではありますが、生理や精神的なものが影響することもあります。「暴飲暴食は絶対ＮＧ！」と自分を追い込むと、プレッシャーが余計なストレスになってしまって、ついつい食べすぎて再び極端に我慢する……という悪循環に陥ってしまう恐れも……。この悪循環は、健康にも悪影響。それなら今日は、「罪悪感のないチートデイ」に挑戦してみませんか？

なにより大事なのはあなたの心。しんどい時に無理する必要はありません。それなら、**自分を責めずに済む選択に変えられたらそれでいい**と思うんです。

そこで、せっかくたくさん食べるなら、栄養も摂れて自分を醜いと思わなくて済むものを選ぶようにすればいいのです。私の場合は満腹感を感じやすい野菜スープやサラダをお腹いっぱい食べることが多いです。コッテリしたものが食べたい時は、ささみや胸肉にチーズや香辛料をたっぷり載せて焼くなどして満足感を高めています。甘いものが食べたくなった時は、食物繊維が豊富なさつまいもを食べたり、甘めのプロテインやギリシャヨーグルト、ナッツ、冷凍ブルーベリーなどで暴飲暴食欲求を満たしています。

その際、声に出して「おいしい！」と言うことも忘れずに！　おいしいと口に出すことで満足感も得られますし、自分も周りもハッピーになります。

「暴飲暴食＝自分を嫌いになる行為」ではなく「美容成分摂取しちゃおう」くらいに思える時間に変えてしまいましょう。

いつだって自分を責めない選択を。

鏡の前に立って「堂々とした私」の練習をする

振る舞いに中身はついてくる

女性の美しさは、顔の小ささやパーツの形で決まるものではありません。

私は美容整形を複数経験してきましたが、パーツそのものは自己満足程度にしか変わりませんでした。

それより、**美容整形によって変わったのは心**でした。少しでも自分に自信が持てるようになり、胸を張って歩けるようになりました。結局、体形や見た目によらず、自信に満ち溢れている女性こそが美しいのだと学びました。

いつも胸を張っていて、自分のしていることを信じていて、まっすぐな瞳で、地に足をつけて前を見ている——それが美しさだと分かったのです。

自信を持つためには、自信を持つと決めましょう、というお話をしましたが（p．18）、今日は〝自信ある風〟を演出する練習もしてみませんか？　理想の自分の姿を思い浮かべながら鏡の前で〝堂々とした私〟を演じてみるんです。本当は自信なんてなくても、最初からうまくできなくてもＯＫです。姿勢、口の開け方、目の強さ、口角、表情、声の大きさ、あいづち、手の位置、仕草など、どんな風に振る舞えば自信があるように見えるか、鏡の前で研究してみましょう。

呼吸を深くしてシャンとした姿勢を保ち、ゆったりとした振る舞いをすることで、実際に心の余裕が広がりますし、周りに与える印象が変化します。**すると周囲からの扱いも変わります。だんだん「この人は雑に扱っていい人ではないんだ」と思われるようになっていきます。**型から入っても、続けるうちに中身が追いついてきて、いつしか本当にあなたの中に自信が生まれていくのだと思います。

さぁ、まずは演出からです！

どんな化粧より、自信があなたを輝かせる。

世界一カンタンな美脚ストレッチをする

脚を正しく動かす土台を作る

脚のコンディションを保つのは難しいもの。そもそも痩せにくいですし、むくんだり張ったりとなかなか安定してくれず、苦労する部位だと思います。

ジムのトレーナーさんに相談したところ、**トレーニングで鍛えることももちろん大事ですが、まずは正しく動かせるようにほぐしてゆるめることが重要**だそうです。

私が毎日行っているストレッチがあるので、今日はぜひトライしてみてください。スッキリして気持ちも上がりますよ。

心も身体もゆるめて、しなやかに。

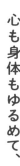

ふくらはぎのストレッチ

壁の前に立って壁に両手をつく。右脚を後ろへ引き、前後に脚を開く。手で壁を押して手前の左膝を曲げ、右ふくらはぎが伸びていることを感じながら30秒キープ。この時かかとは浮かせない。足を入れ替えて左脚も同様に行う。

前もものストレッチ

椅子などの背に左手を添える。身体のうしろで右手で右足首を掴み、少し前屈みになるイメージで前ももを伸ばす。左足も同様に行う。

股関節のストレッチ

椅子に座り、左足首を右足の太ももの上に乗せる。痛くない程度に左膝を押す。足を入れ替えて右足も同様に行う。

コンシーラーで口角の下の影を消す

口角が上がっているように見せる

本書の初めにも書きましたが（p．16）、口角が上がっていると気分も上がります。私はいつもSNSで「口角上げて！」と呼びかけていますが、「そもそも口の形が下がっているのでできません」というお声もいただきます。

同じ悩みを持つ方は、ぜひコンシーラーを活用しましょう。実は私も真顔だと下がり気味の口角なので、メイクをする時はいつもコンシーラーで口角下の影を消して、上がっているように見せています。すると、鏡に映った自分がご機嫌に見えて嬉しくなります。

まずは笑顔をメイクで作ることから始めませんか？　**〝楽しいから笑顔になる〟だけではなく、〝笑顔だから楽しくなる〟こともあるものですよ。**

勝負用リップを持つ

無敵な気持ちになれるお守りアイテム

私は自宅用リップ（p.36）だけでなく、ここ一番の勝負どころで武装できるリップ、お守りになるリップを決めています。**身につけることで気分が上がるのはもちろん、ガラリと雰囲気を変えるリップは、弱い自分を隠してくれる戦闘アイテムです。**ベースメイクやアイメイクは控えめの日でも、鮮やかな色づきのリップが自分の強い部分を引き出してくれる気がします。

今日は「このリップをつけているんだから、無敵よ！」と思える勝負用リップを探して、つけてみましょう。きっと、あなたを守ってくれます。

強くなれないなら、武装して自分を守るのもひとつの手。

COLUMN

唱えるお守り5

「他人の評価で私の価値は1mmも変わらない」

あなたの価値はあなたにしか決められない。

誰にどんな評価を下されようと、それはその人の個人の感想に過ぎないということを忘れないで。

あなたとまったく違う誰かを比べて、どっちが上か下か議論してもしかたない。

カレーと寿司を比べてもしかたないのと同じ。

もしあなたを蔑む人がいるなら、それはセンスのない人。強がりでもいいから、そう思っておくの。

PART 6

人間関係が楽になるハッピーチャレンジ

まずは自分自身に優しい言葉をかける

自分を痛めつけながらでは他人に優しくなれない

他人を思いやる心の余裕が生まれるのは、自分で自分を思いやることができてこそ。だからひたすら自分を大切に扱うようにしましょう。**自分の中が満たされた後にこそ、周りの誰かを大切にできる余裕ができると思います。**誰かの機嫌より先に自分の機嫌を取ること。そのためにできる最も簡単で大切な一歩が、自分に優しい言葉をかけることです。

実は私も、友人やパートナー、家族に思いやりを持って接することができるようになったのは最近です。自分自身に厳しい言葉をかけてしまっていた頃は、同じように周りの人にも厳しく当たってしまうことが多かったです。自分に自分で鞭を打っていたので、心に余裕がなかったのです。

このままでは良くないと思い、まずは自分自身に毎日優しい声かけをしてみました。「私はえらい！」「休んでいいんだよ」「いいぞ、できてるぞ！」。そうするうちに、少しずつ自分を大切にする気持ちが育っていきました。すると不思議なことに、次は周囲の人にも優しくしたいと自然と思うようになったのです。

普段自分にかけている言葉を振り返ってみましょう。「私はダメだ」「どうしてこんなこともできないの」など、きっと厳しいものではないでしょうか？　**自分に鞭を打って痛めつけながら、他の人に優しくすることは至難の業です。**

誰かに優しくしたいあなたは優しい人。そのためにもまずは今日、自分に優しい言葉をたくさんかけてみましょう。思いつかないという方は、想像してみてください。悩み、落ち込んでいる友人に、どんな言葉をかけますか？　その優しい言葉をそのまま自分にかけてみましょう。

あぁ、私を思いやるのが先だった。

傷つけてくる人とは距離を置く

ガサツな人、あなたの優しさに気づかない人

「あの人はなんで、あんなキツい言い方なんだろう」「あの人が怖い。こんなこと思ってしまう私は失礼なのだろうか？」――繊細で人より気づくあなたは、誰かの気分や悪意にも敏感になってしまうでしょう。だけど繊細さは立派な才能だと私は思います。**言葉を選ぶことができて、ささいな表情の変化も見逃さないというのは、あなたの才能のひとつです。**「自分がおかしいかも？」なんて思わないでください。それは「争いが苦手で優しい」という、あなたの良さ。自分の良さを受け入れましょう。

一緒にいるとエネルギーを吸い取られると感じる人とは、遠慮なく距離を置きましょう。職場などで距離を置くのが難しい時も、堂々と最低限の接触に留めましょう。自分を守るのは立派なこと。我慢して苦しんで、あなたの良さを消してしまわないでください。

繊細って、才能だ。

ポジティブな言葉のプレゼントを贈る

「1日1ポジティブ」貯金を貯める

今日から「1日1ポジティブ」。周りの人や自分自身に素敵な言葉のプレゼントを贈りましょう。あなたの心の中に貯金箱を作って、毎日欠かさずポジティブを入れるのです。
「今日は楽しもうね！」「良い日になりそうだね！」「あなたのおかげで幸せ！」「笑顔が輝いてるね！」「会えて嬉しい！　幸せ！」「良いことが起こる前兆だね！」「おもしろくなってきたね！」と、1日1回は誰か、もしくは自分にハッピーな言葉をかけてみましょう。

1000円貯金できる日もあれば、1円しか貯金できない日があってもOK。「あなたが大好き！」と抱きつける日もあれば、「おつかれさま」と言うのがやっとの日もあります。

それでも毎日、コツコツ貯金。「今日はどんな素敵なことを言おうか？」と、考えて過ごすうちに、貯金箱がいっぱいになるように、あなたの心はポジティブで溢れるはずです。

あなたが使う言葉で、あなたはできている。

顔トレでコミュニケーションの自信をつける

滑舌と声を鍛えて「話せる私」に！

ＳＮＳで動画発信をしている私ですが、実は話すことが得意ではありません。もともとボソボソと小さい声で話すほうで、滑舌も悪く、聞き返されることも多いタイプです。特に緊張する場面ではモゴモゴしてしまい、相手が「？」という表情を浮かべていることに気づいて、さらに焦って話せなくなる……という苦い経験も何度も味わってきました。

日常のコミュニケーションはそれでもなんとかなっていましたが、毎日動画を撮るようになってからは、自分の声が自分でも聞き取れないことがあったり、自信なさげに見えたりすることが気になりました。

そこで、アナウンサーの方が滑舌を良くするために行っているという舌のトレーニングを日頃から行うようにしました。このトレーニングを行うことで、表情豊かになり、口角が上げやすくなるほか、舌が回るようになるので驚くほど話しやすくなり、私にはとても効果がありました。

ちなみにこのトレーニングは、美容にも良い影響があります。まず、一時的に顔のむくみが取れてスッキリした印象になります。また、普段使わない筋肉を使うのでたるみの予防になります。顔に直接触れるマッサージはシワやたるみの原因になってしまうこともあるので、肌じたいには触れなくて済むのが嬉しいですね。

いきなり話がうまくなるのは難しいですし、根性でコミュニケーション能力を上げることはできません。簡単なトレーニングをコツコツ行い、少しずつ自信を育てていきましょう。「自分は話や声を良くするためのトレーニングをしているから大丈夫！」と思えることが、話すうえでの自信にもなるはずです。

地味トレが堂々とした私を作る！

Q．コミュ力UPの顔トレをやってみよう！

①口を閉じて、上下の前歯の歯茎の外側をなぞるようにして、舌を時計回りにまわす。これを20回行う。

②①と逆まわりに20回、舌をまわす。

自分だけの「ミュート、オン♪」スイッチを作る

心の距離は自分が決める

自分を傷つけてくる人は「はいブロック！　サヨナラ〜！」……としてしまいたいところですが、それができないから悩むのですよね。嫌味な同僚、なにかとうるさい上司、口調がキツい先輩、失礼なことを言う友人……しがらみなくブロックできるなら苦労しませんね。

かといって、そういった相手に対して正面から「やめてほしい」「そういうことは言わないでほしい」などと伝えたとしても、相手が変わるとは限りません。本人に悪気がなければ根本的に理解されず、同じことが繰り返されるでしょう。また、わざと言っている場合、相手はメンタルが不安定で、相手を下げたり弱らせたりしないと自分の価値を見出せない状態にあるので、関わるのがそもそも危険。できるだけ安全に、労力をかけずに回避したいですよね。

そんな時に使えるおまじないは、「ミュート、オン♪」。自分だけのマイ・ミュートスイッチを心と体に勝手に作ってしまうのです。

たとえば親指の爪を押したり、手のひらを押したりしながら、心の中で「ミュート、オン♪」と唱えてみます。ＳＮＳで嫌な投稿は目に入らないようにミュートしますが、それを現実

でも使ってみるのです。

物理的な距離を引き離せない場合はありますが、心の距離はこちらが決めていいのです。

「この人の発言は必要な連絡以外ミュートだから、なにを言っても聞こえません♪」そう決めてしまいましょう！　嫌な人はサクッとミュートミュートミュート♪

人との心の距離は、私が決める。

Q. あなただけの「ミュート、オン♪」スイッチを考えてみましょう。

でスイッチを発動して、心の距離を取る！

自分だけが知っている「とっておき情報」を誰かに教える

相手に与えたものが自分に返ってくる

今日はなにか1つ、誰かに親切にしましょう。人生はギブ《Give》――自分から与えることです。

そんな綺麗事を言われても、「親切な人は損をする」と思ってしまうかもしれません。実は人間は「得したい」より「損したくない」という感情が強い生き物なので「得になることしかしたくない」と思うのは自然なことです。

しかしその思いが強いと、あなたが困った時に救いの手は差し伸べられないかもしれません。**周りに助けてもらえる人は、周りを助けようという心がある人だけです。**

自分からはなにもあげないのに「プレゼントちょうだい」と言ってくる人がいたらどうでしょうか？　きっと「喜んでプレゼントをあげよう！」と思う人はいませんよね。仮に一度や二度はあっても、その関係が長く続くことはないと思います。

「情けは人の為ならず」。まずはあなたから〝ギブの精神〟を持ちましょう。

とはいえ、なにをギブしたらいいのか。わざわざプレゼントを買ってくる必要はありません。

実は「自分も損しないけど、相手のためになること」って、意外と多いものです。

優しい言葉をかけること、否定せず話を聞いてあげること、共感すること、有益な情報をシェアすること、素敵な音楽を教えてあげること、人と人を紹介してご縁をつなぐこと……ほら、実際にあなたがなにかを失うことはありませんよね？　なんらかの犠牲を払わなくたって、相手に喜ばれるプレゼントを贈ることはできるんです。

「ギブ＆テイク」という考え方より、「ギブ＆ギブ」の関係を目指すほうが結果的にハッピーになります。まずはあなたからあの人へ、ギブの心を伝えましょう。大切なあの人に、労いの言葉を贈りましょう。これも立派なギブですよ。

ギブ＆ギブ～与える者にしか救いの手はやってこない。

言えていなかった「ありがとう」を今すぐ伝える

感謝の言葉はいつ伝えても遅くない

友達、家族、仕事で関わった人、恋人、恩師、SNSの中のあの人に……「言えていなかったありがとう」はありませんか？　照れくさかったり、素直になれなかったり、タイミングを逃してしまったりして、伝えそびれた気持ちはありませんか？

私もせっかく親切にしてもらったのに、ついつい「ありがとう」を言いそびれてしまうことがありますが、1日後でも1週間後でも、思い出したら伝えるようにしています。もし明日世界が終わったら……きっと感謝の気持ちをもっと伝えればよかったと後悔するだろうな、と思うのです。

感謝は出し惜しみしない。今すぐあの人に「ありがとう」を贈りましょう。

実は感謝を口にすることには、相手だけではなく自分自身の幸福度も高まるという効果もあります。ですから、たとえ返事が来なくても無意味ではありません。**感謝を口にすることはあなた自身を幸せにしてくれます。**

「今さら言って、変に思われないかな」と心配に思ってしまう方は、自分が言われる側になった時を想像してみてください。友人から「伝えそびれていたけれど、あの時はありがとう」と連絡が来たらどう思うでしょうか？　温かい気持ちになりませんか？

今日は〝あの人〟に感謝の気持ちを伝えてみましょう。ぜひ、この本を口実にしちゃってくださいね。

感謝を伝えるのに期限はない。

「言わなくても分かるはず」と思うことを伝えてみる

プライベートでも「報連相」

友人、恋人、家族相手には「言わなくても伝わるだろう」と思ってしまっていませんか？　仕事では報告・連絡・相談の報連相が大事だとよく言われていますが、プライベートの人間関係でのトラブルも「報連相不足」が原因になることが多いのではないでしょうか？

「言わなくても、見れば分かるでしょ」

「私もしてるから、相手にもしてほしいな」

「いちいち言うほどじゃないよね」

このような考え方は、すれ違いや不満のもとになってしまいます。

今日は勇気を出して「言わなくても分かってほしい」ということを1つ、誰かに伝えてみましょう。

私は今でも、長年付き合っているパートナーとの考え方の違いに驚くことがありますが、相手も同じようです。「まゆの行動が理解できない」「初めて知った考え方だ」と言われることがよくあります。

人は一人ひとり、驚くほど考え方が違うので、どんなに親しい人でも言わなければ絶対に伝わりません。「なんで分からないの？」「察してよ」「このくらい考えたら分かるでしょ」は危険です。お互いフラストレーションが溜まってしまいます。

恋愛でも仕事でも良好な関係を築くためには、細かいことでも報連相が大切です。

お互いを尊重し合ったコミュニケーションを交わすためには、「お互い考え方の違う人間で、どちらが良い悪いというわけではない」という大前提を持つことも大切です。

考えを伝える時は、あくまで自分の意見ということを示し、押し付ける意図がないことをしっかり伝えましょう。**「私は」から文章を始めると、相手の考え方や行動を尊重できます。**

これを〝Ｉメッセージ〟と言います。

「私はこう思うんだ」

「私はこういう考えだからこうしたいんだ」

「あなたはそういう考えなんだ。すごく良いね！　私はこう思ってるよ！」

相手にしてもらいたいことがある時は、分かりやすく目的まで示しましょう。

「話があるから、ただ聞いてほしい」

「相談があるから、アドバイスが欲しい」

「この部分を手伝ってほしいんだけど、お願いできる日あるかな？」


そして、小さなことでもすぐ報告しましょう。

「今日、予定変更になって遅くなりそう」

「今日これするつもりだったんだけど、体調が悪くてできないかもしれない」


とにかく「言わなければ伝わらない」「報連相」を意識してみましょう。「上手に話さなきゃ！」と気負う必要はありません。大切なのは伝わることです。意識することで、コミュニケーション不足でギクシャクしたり、なにを考えているのか分からないという状態になることを防げると思いますよ。

伝えようと努力しなければなにも伝わらない。一人ひとりが、驚くほど違う人間。

「初めまして」の人に会う時は手土産を持って行く

仲良くなりたい気持ちを目に見える形で示す

プライベートでも仕事でも、誰かに初めて会う時は緊張しますよね。でもきっとそれは相手も同じです。みんな不安なのだから、あなたから「あなたと仲良くなりたいと思っています！これからよろしくね！」という気持ちを、目に見える形で表してみましょう。

私は初対面の方に会う時はできるだけ、小さなお菓子などを持って行くようにしています。なにかお世話になった人との再会でも同様です。友好の証としてお渡ししています。

どんなに親しい相手でも気持ちは目に見えなくて伝わりにくいものですから、初対面の相手ならなおさらです。形にして分かりやすく示すことで好意が伝わりやすいです。

手土産をお渡しすると最初に雑談が生まれるので、緊張も解けてお互いにリラックスして話ができます。打ち解けたい人がいる時、その人を思いながら選んでみましょう。

好意は分かりやすく伝えるくらいがちょうどいい。

解散した後、すぐに連絡する

楽しかった余韻を共有する

誰かと時間を過ごして、解散の時間。「またね」と手を振って相手の姿が見えなくなったら、私はすぐにメッセージやメールを送るように心がけています。

実はこれ、キャバクラ時代に指名を獲得するために使っていたテクニック。お客様をお見送りして姿が見えなくなった直後に、誰よりも早く「すごく楽しい時間だったね！」と気持ちを伝えるようにしていました。

思い返してみてください。友達や恋人と解散した後って、なんだか急に現実……と言いますか、寂しい感じがしませんか？　だけど、まだまだ余韻の残るタイミングにすぐに連絡が来たら、どうでしょうか？　嬉しくなる気がしませんか？

なにを書いたらいいか、難しく考えなくて大丈夫。**「気を付けてね」「家に着いたら連絡してね」などの相手を思いやる気持ちや、「次いつ会えるかな」「今から楽しみ」などの気持ちをそのまま言葉にして伝えたらいいと思います。**

これは、友人や恋愛以外のお仕事関係のお付き合いでも使えるテクニックだと思います。たとえば打ち合わせなどの解散後すぐに「本当に勉強になって目からウロコでした！　とっても楽しい時間でした！」とその場の熱量で送れば、社交辞令ではなく素直な気持ちとして相手に伝わると思います。

今日誰かと会う用事がある人は、その日の空気感が消えてしまわないうちに「楽しかった！また会いたい！」という気持ちを伝えてみましょう。

「すぐ連絡」で心を伝えよう。

相手を観察し、知ろうとしてみる

相手からの見られ方が気にならなくなる

「私は人見知りだ」というあなた。人と会っている時、自分が相手にどう見られているか気になってしまうのではないでしょうか。「私、変なこと言ってないかな？」「顔、変って思われてないかな？」「今の返し方で大丈夫だった？」などと、相手の反応を気にして相手の話に上の空になってしまっては、仲良くなるどころではありません。

人見知りさんは人目を気にしすぎてしまうところがあると思うので、〝見られている意識〟から〝相手を見るぞ！〟という意識に切り替えてみましょう。

実は私はもともと極度の人見知り。今でも人と会う時は気合いが必要です。そんな私がこれまで接客業をしたりSNSで発信したり、会社を立ち上げて自分で仕事ができていたりするのは、「見られてる、聞かれてる……」という自分主体の意識から「この人はどんな人？　どういう話？」と、相手主体の視点に変えたからです。

自分が観察されている側ではなく、相手を観察する側にまわること。**具体的には、会話内容を覚えようとする。相手に興味を持って会話内容を「それはどうしてですか？」などと**

深掘りする。よく使う言葉や口癖はないか観察する。髪型や服装を観察する。持ち物を観察する……こうしたことを意識して、「相手に興味津々な自分」になりきってみるのです。

会話が終わった後は答え合わせ。あの人はなにについて話していた？　どんな服や持ち物だった？　この癖をつけると実際に相手のことをよく覚えていられるようになり、連絡のやり取りや次回会った時の会話にも困りません。「そういえばオシャレな時計をつけられていましたが、どこの物ですか？」「美容院はどこに通っていますか？　ヘアスタイルが素敵だったので気になりました」このように具体的な会話につながり、話題にも困らなくなります。

誰でも自分に興味を持ってもらえることは嬉しいものです。上手に話せるかどうかは重要ではありません。**相手からしたら「この人は自分に関心を持ってくれているのか？　話をちゃんと聞いてくれる人か？」のほうが好感度が高いものです。**

うまくやろう、とするよりも、相手に興味を持って接するようにしてみましょう！

見られていることより見ることを意識。

「平和にかわすあいうえお」を使う

前向きな受け答えの型を知っておく

失礼なことを言われたり、返答に困ったりする場面は往々にしてあるものです。そんな場面で使える「平和にかわすあいうえお」をみなさんにお伝えしましょう。

あ…「ありがとうございます！　勉強になります！」

どんな嫌味や小言も、「素直」には勝てません。感謝で返す、が単純にして最強です。

い…「いいですね！」

なんだか意見が合わなくてギスギスする、ついキツい言い方をして後悔する、仲良くなれない、いつも嫌われる気がする……なんとなくコミュニケーションに苦手意識を持っている人は、相手の発言に対する第一声を「いいですね！」にしてみてください。**意見が違う時も、「いいですね！」と言ってから自分の意見を述べると、否定的な印象を与えにくいですよ。**自分もひと呼吸置くことで余裕を持てます。口癖レベルで身につけたいワードだと思っています。

う…「うれしい！」

実は恋愛面でもどんどん使いたい、相手に好印象を与えやすい言葉です。**ありがとうを伝える時にセットで「うれしい」をつけるだけで、素直な感情がプラスされ、好印象を与えます。**売れっ子キャバ嬢さんたちがよく使う言葉のひとつです。

え…「笑顔」

言葉ではありませんが、笑顔はあなたを強くします。あなたを守り、助け、物事を円滑に運んでくれます。どんな時でも口角を上げ、堂々とニッコリ！　笑顔は伝染するので場がハッピーになりますし、**凛としたスマイルは危険人物を跳ね返す強さも与えてくれるはずです。**

お…「恐れ入ります」

褒められて反応に困る時はこれが使えます。否定もせず肯定もしないですし、言葉として丁寧なので、あまり親しくない人や目上の人との会話にも使えます。どんなシーンでも使える万能ワードです。

軽やかに受け流して、相手も自分もハッピーに。

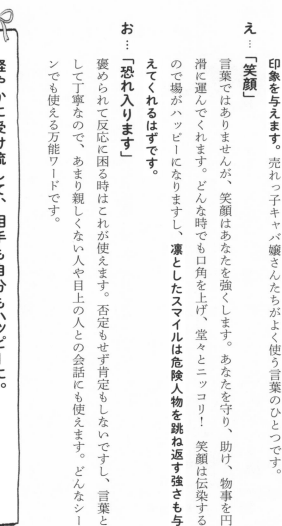

「やっぱり違う」と思ったことを思い切って前言撤回する

意見や考え方は変わるもの

事情や状況、気分で考え方が変わってしまうことは往々にしてあります。悪いことではないので、前の自分の意見に自分が引っ張られる必要はありません。「もう言っちゃったし、意見は変えちゃダメ、最後までやらなくちゃ」――そう思うかもしれませんが、人に言ったことであっても、意見や考え方は別に変えていいのです。

私はたとえSNSなどで何万人に宣言したことでも、「やめたほうがいいな」「アッチの案のほうがいいぞ」と思ったらすぐやめます。最近も「別のアカウントを始めます」と数万人に宣言したのに、2回くらい投稿しただけで前言撤回しました。

やらなきゃ分からないこと、やってみるとなにか違ったということはたくさんあります。「やっぱりできなそうだ」とか、「このままでいいのかな?」と思ったなら、変えていいのです。周りの人に誠実でない自分勝手な対応をすることはただの無責任です。しかし自分だけでなく全体のために変えるべきだと思ったことで、もし他人が関わっていることなら、心から謝って誠意を持った対応ができればそれでいいと思います。投げ出すのではなく、物事を良くするための前言撤回なら、それは〝改良・改善〟ではないでしょうか。

考え方が変わるのは、自分が成長している証だと思います。素晴らしいことですよ！「私、成長したんです！　だから考えが変わりました、聞いてください、新プランです！」、そう言って自慢してよいくらいです。

変わるのは進歩しているから。過去の自分の発言や行動に引っ張られて、今の本心が見えなくなるのはもったいないです。私たちはいつだって今を生きているんだから、変化しないほうが不自然ですよ。

前言撤回は改良です。

COLUMN

唱えるお守り6

「なるほど、そうきたか!」

人は思い通りにならないし、できない。
思わぬことでトラブルになってしまった時に、
パニックにならないためのおまじない。
事実をいったん受け入れる――それだけで心が
落ち着きます。

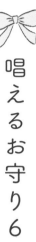

PART 7

へとへとで なにもできない日の 回復チャレンジ

今日1日、猫になったつもりで過ごしてみる

ただ生きるだけでたくさんのことをしている

突然ですが、猫が1日に何時間寝ているか知っていますか？　実は成猫の1日の平均睡眠時間は16〜17時間、子猫なら20時間ほど寝ています。さすが「寝る子」が語源になっていると言われているだけありますね。私も2匹のお猫様と暮らしていますが、初めの頃はあまりに寝ているので心配になり、ネットで「猫　寝過ぎ　大丈夫？」などと調べてしまったほどです。

眠たくなったら眠るし、遊びたくなったら遊ぶ。そんな猫に「今日も寝てくれてありがとう。トイレをしてくれてありがとう」と日々思うわけです。**健康に生命活動を続けてくれていることは、当たり前のことではありません。**猫なりの努力のもとに、健康があるのだと思います。

これは私たち人間にも言えることじゃないでしょうか？　生きるために息をして、お腹が空いたらご飯を食べて、眠くなったら寝て……生命を維持すること、それだけで立派なことではないでしょうか。当たり前のことができているのは、実は当たり前じゃない——生きていると

うっかり、そんなことも忘れてしまいそうになります。

そこで今日は猫になりきって、忘れていた大切なことを思い出す日にしてみませんか？　日の当たる場所を選んでごろごろする・寝るのに飽きたら走る・お腹が空いたら食べる・疲れたら伸びをする・まわりに甘えてみる。たまには気ままにだらりと過ごして、ただ生きるだけでもこんなにいろいろやっている自分はえらい！　と、自分の努力を褒め称えてみましょう。

この世界に突然生まれただけなのに、生命活動しているだけでエライのだ。

本気で休むと決める

休むことをネガティブに捉えないために

楽しく生きていくためには、本気で休むことも大事です。

実は私は、休むことが大の苦手です。休みなく働きたいと思うほど仕事が好きなのはありがたいことですが、**「休みたくない」という気持ちはともすれば「休んではいけない」に変わってしまうことがあるので注意が必要です。**「休むのは悪いこと」という感情が芽生えると、スランプに陥った時に自分を責めてしまいます。

身体を休める時間をくだらない時間と捉えるのはやめましょう。**きちんと休んで、頑張れる時に集中して取り組んだほうが何事も効率的です。**せっかくの回復の時間を「休んでしまった……」とネガティブに捉えてしまったら、休みの効果も半減してしまいます。

自分を責めずにしっかり休むマインドを作るうえで、今日はいっそ「ヨシ、本気で休むぞ」と決めてとことん休みましょう。**「休んでしまった」のではなく、「自主的に休んで自分をメンテナンスしたのだ」と思うのです。**「自主的に本気で休むなんて、セルフコントロール力の高い自分、えらいぞ！」と思って、徹底的に休みましょう。
はじめは「休んでいていいのかな？」という気持ちが芽生えるかもしれません。私もそうでしたが、たまにそんな日を設けていると、少しずつ「休んでもいいんだ」ということが理解できていきます。セルフコントロール能力を高める練習だ、と考えてお休みしてみましょう。自分の身体を休める選択肢を取ることができる、あなたはとっても素敵です！

休むことは悪いことじゃない。大丈夫、大丈夫。

〝ずっとこらえていた涙〟を流す

涙を味方につけてストレスコントロール

「こんなことで泣くなんてダメだ」とつらい気持ちを抑え込んでいたり、泣きたくても泣けなかったり、泣くのがみっともないと思ったり。大人になるといろんな事情で私たちは泣くことをやめてしまいます。

しかし涙は私たちの味方。涙はストレス緩和の効果がある、癒しの雫です。あなたのストレスを目から流してくれているので、本当はあまり我慢しないほうがよいもの。**泣きたいのに泣けないことが、最もストレスが溜まる最悪な状態と言われています。**

脳科学研究では、「泣くな」と脳に絶えず司令を出していると、泣きにくくなってしまうのでは？　と考えられているそうです。また脳が疲れすぎている人は、前頭前野が弱っている傾向があって、泣きにくいそうです。

あなたには、〝ずっとこらえていた涙〟はありませんか？　涙を我慢したその時のあなたの悲しみや怒り。涙をこらえた分だけ、ずっとあなたの中にとどまってしまいます。

そこで今日は〝合法的〟に泣いてみませんか？　感動する映画や漫画を見たり、涙が出るような音楽を聴いてあえて泣きましょう。私は時々涙のデトックス・デーを作っていますが、泣き終わった後、かなり爽快感があるのでおすすめです。実際、泣くと副交感神経が優位になります。

あなたが悲しみを逃せなくなって立ち上がれなくなる前に、外に出してしまいましょう。泣ける映画、漫画、音楽を探して、今日は思いっきり泣きましょう！　あなたのおすすめ、ぜひ教えてください。

涙は癒しの雫。悪者にしなくていいの。

〝セルフ頭ポンポン〟をする

自分を安心させるおまじない

イライラや悲しみが襲いかかってきた時、私は気持ちを落ち着かせるために、よく〝セルフ頭ポンポン〟をしています。イラッ、モヤッ、ズキッを感知したら、左手を頭の上に持っていって、一定のリズムで頭をポンポン。心の中で「大丈夫、大丈夫」と思いながら、落ち着くまで行います。注射をする時に看護師さんがしてくれるイメージです。

優しく一定のリズムを取ることで、自律神経を落ち着かせる効果も期待できます。仕事中や出先でも簡単にできますし、カフェや電車などでやってみても意外と目立ちません。

どんな状況でも自分を慰められるのは自分だけです。少しでも気分の波を感じたら、遠慮せずにヨシヨシしてあげましょう！　イライラ、ザワザワを落ち着かせるおまじない、ぜひ試してみてください。

私だけは、常に私の味方でいよう。

「頑張ったから疲れたんだなぁ」と声に出して言ってみる

自分だけは自分の頑張りを認める

いつだってあなたの頑張りを一番見ているのはあなた自身です。人に自慢できるような成果が出ていなくても、誰かにとっては簡単にできてしまうことでも、あなたなりに頑張ったことを自分だけは分かっているはずです。**「こんなことはできて当たり前」「あの人はもっと頑張っている」**……そんなこと言わず、あなただけは自分自身の頑張りをちゃんと認めてあげなくちゃ。そんなに〝やった感〟を感じられない日だって、形に残る成果がなくたって、疲れたということは頑張った証拠です。

今日は「頑張ったから疲れたんだなぁ」と、声に出して言ってみましょう。「まだ頑張ってない！」と自分を鼓舞するのは疲れが取れてから。自分を騙さず、今の自分の状態にちゃんと気づいてあげることを忘れてはいけないと思うのです。

どんな私も認めてあげたい。

1分間なにも考えない

頭を休ませる時間を設ける

1日の中でなにも考えない時間はありますか？　電車の中、歯磨きの時、トイレの瞬間まで私たちは「夕飯なに食べよう」「メール返さなきゃ」などと、なにかを考えている気がします。一人の時間でさえスマホから情報を受け取り続けていたりすると、脳を休ませるタイミングもありません。疲れるのは身体だけではありません。脳も休む暇がなければ疲弊します。疲れていたら当然、本来の力を発揮できません。いつまでもグルグル考え込んでしまう、最近なににも集中できない気がする、ネガティブな考えばかり浮かぶ、いつもイライラしている、そんな人は脳が疲れているのかもしれません。

とはいえ、「考えるな」と言われても無理な話だと思うでしょう。

私のおすすめは、1日に1分でも〝あえてなにも考えない時間〟を作ること。意図的にボーッとしてみることです。まずは今日、1分間なにも考えずにボーッとしてみましょう。

やり方はいろいろありますが、特に集中してボーッとできるのは呼吸瞑想。「集中してボーッとする」とは変だなと思うかもしれませんが、ボーッとしようと思ってもいろんな考えが頭に自然と湧いてくるので、ボーッとするのは意外と難しいのです。

呼吸瞑想とは、目を閉じて自分の呼吸だけに意識を集中するというものです。落ち着く場所で、あぐらなどの楽な姿勢で座り、軽く目を閉じます。何秒吸って吐くかは気にしなくていいので、深い呼吸を意識し、今この瞬間に集中します。最初のうちは雑多な考えが浮かんできてしまいますが、すぐに呼吸に意識を戻すようにすれば大丈夫です。

これはマインドフルネスといって、今この瞬間だけに集中することで、脳の疲労も回復できると言われているもの。私は注意力散漫なことが悩みでしたが、呼吸瞑想を始めて、かなり改善しました。ネガティブな考えを断ち切りたい時に行うこともあります。

たった1分でホント？　と思うかもしれませんが、脳が休まって疲労回復するのを実感できるはずです。いつも休みなく頑張っているあなたの脳を休めてあげましょう！

今この瞬間を大切に。

大の字に寝そべる

大人の仮面を外して子どものように

「疲れたなぁ……」という今日は、子どもに戻ったつもりで床に大の字になって寝転がってみましょう。実は、最も疲れの取れる姿勢は仰向けとも言われています。

私は気疲れする仕事から帰った後などは、「ここは草原だ！」というつもりでリビングの床に思い切り仰向けになります。外でつけていた大人の仮面を外して子どもに戻るような感覚でしょうか。そして、息を吐いて、背中を重～く床に沈めるつもりで静かに目を閉じます。背骨1本1本が床についていることを感じます。お尻の重さを感じ、両脚に均等に体重がかかっていることを確認します。そのまましばらく目を開けずにゆっくり呼吸しながら、疲れが取れるまで寝転がります。実際に寝なくても目を閉じるだけでも疲労回復効果があります。しばらくするとまた元気なあなたに戻れるはずですよ。

家では大人の仮面を外して。

漫画を読む
考えることから解放されるエンタメ時間を

「今日はしっかり休んで寝よう」と思っても眠れない日もありますよね。そんな時のおすすめは、漫画を読むことです。私は「疲れてなにもできない」という時には、いつも少女漫画を読むようにしてます。難しく考えずに読めてリフレッシュできますし、綺麗な絵を見ているだけで癒やされてきます。寝転がりながら読むだけでキュンキュンチャージできて、女性ホルモンにも良さそう（と信じています……笑）。

それに漫画を読んでいると、作中の素敵な言葉に思いがけず出会えたりします。そのたび、エンタメや芸術に触れるのは大事だと思わされます。

最近はわざわざ漫画を買いに行かなくても、無料アプリでも十分に楽しめる良い時代になりました。ぜひ今日は、漫画の世界にとことん没頭しちゃいましょう。

キュン補給は定期的に。

自律神経を整える音楽を聴く

神経の昂りを抑える

仕事や勉強で集中した後や、人混みや満員電車などの刺激が強すぎる場所に行った後に、ドッと疲れることはありませんか？　そのくせ夜はなんだか目が冴えてしまい、眠りにくくなってしまいます。おそらく交感神経が昂り、興奮状態になっているのでしょう。

そんな時、私はいつもＹｏｕＴｕｂｅで「自律神経　音楽」と検索して聴くようにしています。目を閉じて、なにも考えずに音だけを聴いていると、少しずつ気持ちが落ち着いてきます。本当に疲れている時に聴いて、涙が出たこともあります。「それだけ疲れていたんだな」という気づきにもなりますね。

今日は音楽の力を借りて、自律神経をしっかり切り替えることを意識してみましょう。ぜひ検索してお気に入りを見つけましょう。きっとあなたを助けてくれるはずです。

ほら、思ったよりも疲れていたでしょ？

吸水ショーツを試してみる

少しでも快適になるアイテムを見つける

生理中の不快感で気分が落ち込んでしまうこともありますよね。近年、女性特有のお悩みを軽減するためのフェムテック用品やフェムケア用品（女性特有のケア用品）が続々と登場し、話題を集めています。私もいろいろ試してみましたが、吸水ショーツは多くの女性に試してみてほしいと思いました。使ってみると驚くほど快適。それ以来、積極的にフェムテック用品やフェムケア用品を取り入れることで、かなり幸福度が上がりました。

生理の不快感がひどい方は、フェムテック用品やフェムケア用品だけでなく、婦人科の検診にも必ず行くようにしましょう。ひどい生理痛や月経過多があるのに放置しているという方が多いようですが、病気が隠れていることもあります。婦人科に行くのは、恥ずかしいことではありません。生理だけでなく、自分の身体と上手に付き合っていきましょう。

飛び込んでみれば、もっとゴキゲンな自分に出会える。

自分だけの〝復活の儀式〟を見つけておく

憂うつな予定に立ち向かうために

疲れやモヤモヤをリセットできる自分になるために、今日は自分流の復活の儀式やパワースポットを探して実践してみましょう。

たとえば私は、暗い部屋で毛布にくるまって漫画を読むことが最高の回復法。自分の回復法を知っているので、疲れる約束などがあっても、「家に帰ったら電気消して毛布に入って漫画を思う存分読んでやるぞ」と思えば立ち向かう元気が出ますし、実際に次の日に疲れを引きずらずにパワーチャージすることができます。出先なら本屋さんに入ってプラプラしたり、落ち着いたカフェで本を読んだりすることが私の復活の儀式です（私が非常に内向的なのが分かりますね……笑）。

自分の回復法を知っておくことはとても大切です。日常を思い返してみると、ここに行くとなんだか元気が出る、これをすると回復する、というものはありませんか？　たとえば、自室にこもって音楽を聴く・ゆっくりお風呂に浸かる・友人とお茶する・活気あふれるデパートに行くなど。振り返って、思い当たるものを探してみましょう。

人は社会の中で、あるべき姿を取ろうとするものです。内向的な人でも仕事では明るく社交的に振る舞う必要があるでしょうし、外交的な人でも一人でこもって作業をこなさなければならない場面があるでしょう。当然疲れますし、本当の自分を失いかけます。

しかし自分自身を取り戻す方法が分かっていれば、安心して戦えます。そこで、自分に戻ってホッと回復する場所や動作を見つけておきましょう。「これをすれば本当の私に戻れる」という復活の儀式を見つけて、意識して毎日の中に組み込んでいきましょう。

**暗闇の中で立ち止まって、なんとか光を探してまた歩き出す。
人生はその連続。**

Q. 自分の復活の儀式をメモしておこう！

私は（場所）＿＿＿＿＿＿で（行動）＿＿＿＿＿＿をすると回復する！

目を閉じて、過去の自分に会いに行く

過去の呪いを解く

過去の自分の行動を悔やみ、自分を責め、「こんな私が幸せになっていいはずがない」と思ってしまうことはありませんか？

そんなふうに思うのは、あなたが心優しいからです。あなたが過去の過ちを反省しているのは、あなたが成長した証です。今日は、過去のあなたを許すワークをしてみましょう。

まだ話すことが叶う相手への後悔があるならば、気持ちを伝えてみましょう。「ごめん」や「ありがとう」はいつ言ってもいいのです（p．130）。

もう話すこともできない相手への後悔がある人、面と向かって言うのが難しい人は、左ページのワークを行ってみてください。

自分を許して、今日で過去と決別しましょう。あなたはもう、幸せになっていいんです。

あなたの傷跡を、今度は優しさに変えて誰かに届けよう。

心の中で
過去の自分とあの人に
会いに行くワーク

step 1

目を閉じる。

step 2

謝りたいあの人のところへ
会いに行く想像をする。

step 3

心の中で素直に謝る。
「あの頃は未熟で、
あなたを傷つけてしまった。ごめんね」
などと声をかける。

step 4

次は私自身に
「今までたくさん頑張ってきたよね。
もう大丈夫だよ、自分を許していいよ、
幸せになっていいよ」
と声をかける。

ぬいぐるみやペットを抱きしめる

オキシトシンを分泌させる

パートナーや家族など、人とのスキンシップによって分泌される神経伝達物質・オキシトシン。**ストレスを緩和して落ち着きをもたらし、通称「愛情ホルモン」と呼ばれるこの神経伝達物質は、実はぬいぐるみやペットとのハグでも上昇することが分かっています。**

これを知ってから私は、1日に1回は愛猫たちにぎゅっとさせてもらっています。やわらかいものに触れるだけでもオキシトシンが出るそうなので、肌触りのよいぬいぐるみだとさらに効果が高いでしょう。肌触りのよい毛布やクッションもいいかもしれません。私も疲れを感じたらクッションをぎゅっとしてみたり、毛布に包まれてみることもあります。

ぬいぐるみ、クッション、愛するペットなど、自分にできるかたちで大丈夫。今から30秒、ぎゅっと抱きしめてみましょう。

愛情は取り戻せる。いつでも、いくらでも。

耳まわし運動をする

どんより天気に負けない

原因不明の気力低下や不調、ブルーな気持ちは、低気圧による自律神経の乱れが原因かもしれません。そんな時に効果的なお手軽エクササイズをご紹介しましょう。

やり方はカンタン。耳を軽く横に引っ張りながら、後ろ方向に円を描くようにゆっくりと10回まわします。次に、手のひら全体で耳を軽く覆います。覆っている状態でまた後ろ方向に10回まわします。

私は気圧に影響を受けやすいので、曇りや雨の日は少しでもやわらげるために、このエクササイズを行っています。耳の運動は顔のむくみにも効果的なので、メイク前に行うことも多いです。**ちなみに皮膚の摩擦はシワやたるみにつながってしまうため、耳をまわす時も優しくタッチするのがおすすめです。**耳グルグルをぜひ一緒にやってみましょう！

私をケアできる、私が好き。

COLUMN

唱えるお守り7

「つらさを比べない」

他人とつらさを比べないで。
つらさにレベルも立場も関係ない。
あなたがつらいと思ったら、
それは絶対つらいんだよ。
「あの人はもっと頑張っているのに」とか
思わなくていい。
あなたがつらい、苦しい……そう感じたなら、
それは紛れもない事実なのだから。

PART 8

恋愛が楽しくなる ラブチャレンジ

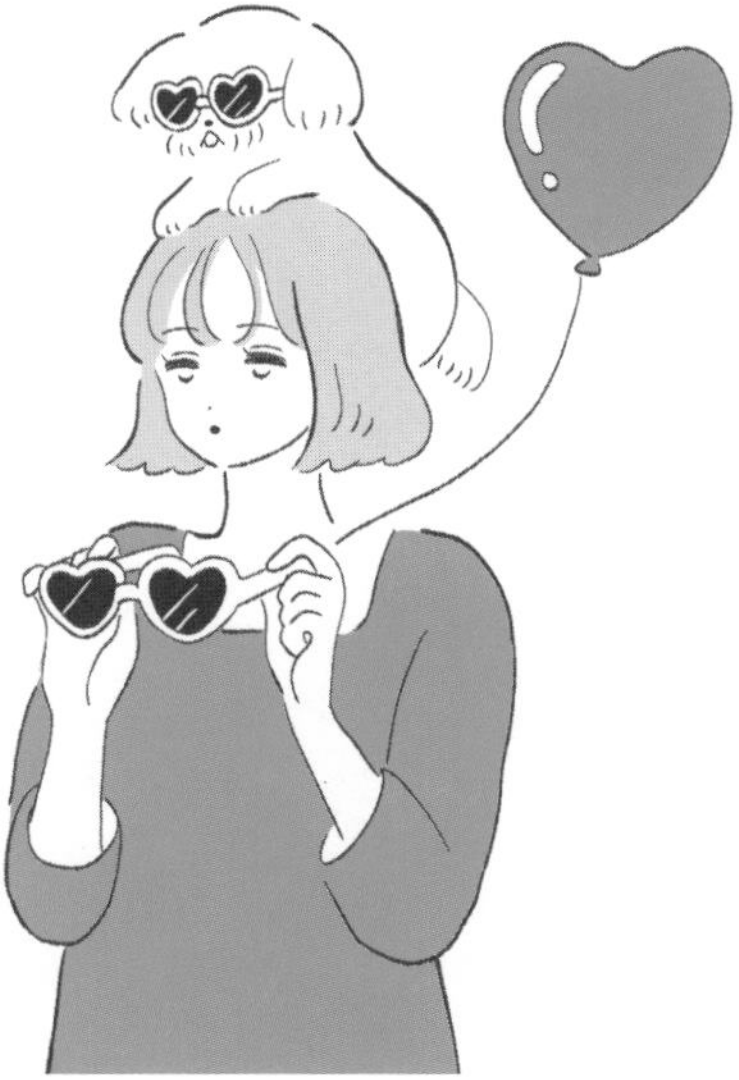

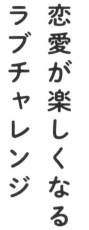

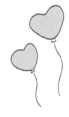

いさぎよく「さようなら」をする

自分をダメにする人からは離れる

19歳〜20歳の頃、経験豊富な年上女性に彼氏のことで相談に乗ってもらっていると「それ、ダメ男に共通した特徴だよ！」と何度も言われ、ダメ男には典型的な言動パターンがあることに気づきました。その後5年ほどキャバクラで働く中で、大勢の男性を見てきました。キャバクラのお仕事では「この人は危ない人なのか、関わってもいい人なのか」を自分で判断しなければなりません。相手の言動を観察する癖が自然と身につき、「ダメ男」を見抜く力が備わったと思います。

そこで私流「ダメ男かも⁉ チェックリスト」を作成しました。もちろんこの基準だけで人をはかることはできません。何事も人それぞれではありますが、悪い男に引っかからないために、ひとつの参考にしてみてください。

どんな間柄だろうと、あなたの自尊心を傷つけていい人はいない。

ダメ男かも!?　チェックリスト

☑ 言葉と行動が違う

☑ 口癖が「いつかは」
（いつかいつかと期待させて具体的にはなにもしてくれない）

☑ すぐに自分の話にすりかえる
（「頭が痛くて……」と言ったらすぐに
「俺のほうが……」などと言ってくる）

☑ イライラを態度だけで出して、威圧してくる
（扉を強く閉める、ため息をついてアピールするなど）

☑ 嘘をつくことに抵抗がない

☑ 言い訳がうまい

☑ 「お前」呼び

☑ 「お前のため」と言って支配しようとする

☑ 自分から会いに来ない

☑ お金を借りて返さない

☑ 容姿を変えさせようとしてくる

「ごめんね」は1回だけと決める

言葉に重みを持たせる

売れっ子キャバ嬢は、「ごめんね」をあまり言いません。

自分が悪いと思ったら、誠意を持ってしっかりと一度、「ごめんなさい」と伝えます。しかし、2回目以降は感謝に言い換えます。

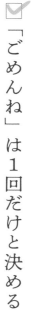

感情は伝染します。**ポジティブな言葉を使うようにすると、相手にもポジティブな〝気〟が伝染するのです。**

「スミマセン」は日本人の奥ゆかしさでもあるのですが、**「ごめん」より「ありがとう」のほうが、積み重なって相手に「ポジティブな人」「楽しい人」という印象を与えます。**その結果「なんだかこの人ともっと一緒にいたい」「この人といたらなんか楽しい、なんか明るくなれる」と、印象が変わっていきます。

それに、「ごめん」を使いすぎると言葉が軽くなってしまいます。いつしか謝るためではなく、自分の身を守るため、その場を収めるため、責められないために使うようになってしまいます。それでは誠意も伝わりにくくなってしまいます。

これから「ありがとう」に変える癖をつけるために、「ごめんは一度に1回」と決めてしまいましょう。ついつい何度も謝りそうになった時に備えて、今から意識づけをしましょう。

誠実でさえあれば、堂々としていていい。

サプライズでプレゼントを贈る

下心ではなく愛情で贈る

大切な相手、気になる相手にサプライズでプレゼントを贈ってみましょう。

たとえば「友達とランチしてくるね」と出かけたパートナーが、帰った時に突然プレゼントをくれたら……？　「出かけている時も自分のことを考えてくれてたんだ」と嬉しくなると思います。また、同僚が「最近いつも大変そうだったから」と言って便利グッズや労いのアイテムなどをくれたら「見てくれていたんだ」と嬉しくなりますね。

聞けば、これは男性もまったく同じだそうです。物そのものというよりも、気持ちが伝わって嬉しいのだそうです。私はよく書き物をするのですが、パートナーから「楽しく書いてほしいから」とペンを突然プレゼントされた時は、物以上にその〝思い〟に感動しました。

その際、「これ、好きかな？　と思って」「お仕事忙しそうだから」という理由は伝えても、**見返りを求める気持ちは厳禁**です。**家族にプレゼントする時には、「プレゼントで気に入られよう」とは考えません。「これ、喜ぶだろうな」というシンプルな気持ちで贈ります。そ**

れが愛。好きな人に対しても同じだと思います。

これで相手の機嫌を取ろう、これで好きになってもらおう、これをあげたら振り向くかな、という期待を取り払って、純粋に相手に喜んでほしいという気持ちで選ぶことが大切です。恋人や旦那さんなら、愛情を伝える良い機会になります。


このように、プレゼントは真心で贈るのが前提として大切ですが、やはりプレゼントは片思いの相手の印象に残るチャンスでもあります。

夜の仕事でのテクニックに、**〝頻繁に目に入るものをプレゼントする〟**というものがあります。見るたびに自分の存在を思い出してもらえるので、自分の印象を相手にしっかり残せるのです。好みは人それぞれなので、会話や持ち物から好みを探して選びましょう。

ただしアクセサリーや服は「使わないと申し訳ない」と重荷になる場合もあるので、ビジネスマンならネクタイやハンカチなど、いくつあってもいいものが最適。学生さんならステーショナリーも良いと思います。

また、その人が愛用しているものと同じものをあえて選ぶのもおすすめです。男性は１つ愛用品を見つけると長く使う人が多いので、すでに使っているものの〝ストック〟は、相手の好みも外しません。

繰り返しですが、「あなたのことを思って買ったんだから、喜んでほしい！」という思いの押しつけは逆効果。

あくまで真心から贈るプレゼントこそ相手の心に響くと思います。


思いがあるから価値が生まれる。

ザイオンス効果で興味を持ってもらう

恋愛以外にも使える、会って間もない人へのアプローチ

接触を繰り返すことで好感度が上がる効果のことを、心理学で「ザイオンス効果」または「単純接触効果」と呼びます。たとえば、なにも前知識のないラーメン屋さんに初めて行く時は「おいしいかな？　一人で入っても大丈夫かな？　店長は怖くないかな？」など心配してしまうのに対して、馴染みの店や情報の豊富な有名店だと安心して入店できます。**人はあまり知らないものには警戒心を抱く生き物。自分と接触する機会が多い人に対して、安心感や親近感を感じやすいのだそうです。**

恋愛でも意中の人に意識的に接触することで、警戒心を解くことができます。あれこれ考えるよりも、まずは誰よりも多く相手の視界に入って認識してもらうことが、相手を振り向かせる第一歩です！

知らない人には興味の持ちようがない。

小さな頼みごとをしてみる

甘え上手になるためには、相手に負担が少ない小さなお願いから

男性は頼られるのが嬉しい——まずはこの大前提を頭に叩き込みましょう。

頼ってもらえるのは、自分のセンスを信じてくれている感じがして嬉しいものです。今日は片思いの相手や恋人になにか1つ頼みごとをしてみましょう。小さなことでいいですが、ポイントがあります。それは、**その人の得意なものや興味のあるジャンルを見極め、その分野の頼みごとをすること。**

その人にとって興味がなかったり不得手なことだと、うっとうしがられる可能性もあるので注意が必要です。ポイントはその人が〝ドヤれること〟。その人が気持ち良くできる、好きなことで頼ってみましょう。お願いを聞いてくれたら、必ず褒めたり「すごい！」「助かった！」と言葉にして伝えたりすることも忘れずに！　いきなり相手が興味のないことや苦手そうなことをお願いするのではなく、まずは得意そうなことから頼るステップを積み重ねるうちに、徐々に甘えることもできるようになると思います。

上手に甘える例

・ファッション好きな人に↓「あなたセンスが良いから、これに合わせるものを選んでほしい、自分では分からなくて」

・営業職の人に↓「人と話す時のコツとかあるの？」

・家電に詳しい人に↓「これとこれ、どっちがいいかな？」

・数字が得意な人に↓「この計算分かる？　苦手だから教えてほしいんだけど」

・お酒好きの人に↓「この食事と合わせるならどんなお酒かな？」

・パソコンに詳しい人に↓「このやり方を教えてほしい」

・アニメに詳しい人に↓「週末にまとめて見られる、泣けるアニメ教えてほしい」

頼ることとは「あなたを信頼しています」というメッセージ。

嬉しい気持ちは具体的に伝える

理由が分かるとリアルに感じる

嬉しい気持ちはとにかく全力で伝えましょう。売れっ子キャバ嬢の共通点は、とにかく「嬉しい」の表現が上手であること。喜ぶだけで、相手は嬉しくなって「もっと喜ばせたい」「笑顔が見たい」と思うのです。

しかし、全力で喜びを表現するのが難しいという方もいるでしょう。私も感情をオーバーに表現するのは苦手ですが、そんな方でも嬉しい気持ちを伝えられるコツがあります。

それは、**具体的になにが、なぜ嬉しいのかを伝えること。**たとえばこんな感じです。

・「会えて嬉しい」↓「最近、仕事でつらいことが多かったけど、会えただけでホッとする。会えただけで嬉しい！」

・「話を聞いてもらえて嬉しい」↓「話すだけでも考えを整理できて心が落ち着くから、聞いてくれるだけで嬉しい。聞いてくれて助かったよ！」

・プレゼントをもらった↓「○○に使えそうで嬉しい」「最近買った○○と合いそうで嬉

しい」

・ご飯をごちそうしてくれた、作ってくれた↓「ちょうどこういうものが食べたいと思ってたから嬉しい」「一人じゃ挑戦できなくて初めてこういうの食べるから嬉しい」「おいしいのにヘルシーなところが嬉しい」

ぜひ、なぜ嬉しいのか、理由を言葉にして伝えてみましょう。これは好きな人だけでなく、友人や家族、仕事の相手との間でも有効です。さっそく次の会話から取り入れてみてくださいね。

喜び上手は愛され上手。

失恋から立ち直るために推しの力を借りる

恋する力を取り戻す

恋を忘れる特効薬は新しい恋愛……とは言いますが、そう簡単に好きになれる相手は見つかりませんよね。そんな時は、推しを作りましょう！

現実で新しく愛せる人を見つけるのはすぐには難しいですが、推しは比較的見つけやすいものです。友人の〝布教〟を受ける、ドラマを見る、アイドル番組や歌番組を見る、二次元から探す、インフルエンサーから探すなどなど、きっとあなたがピンと来る人がいるはず。すでに推しがいる人は、今こそ推し活に専念の時です！　今日はとことん推し活です。

推しを原動力に自分磨きをしたりしているうちに、時間が解決してくれたり新しい出会いがあったりするものです。今はたくさん、推しに癒してもらいましょう。

「あの人しか愛せない」はきっとない。

「もし、相手が明日いなくなってしまったら？」を考える

本当にこの人のこと好きかな？　と思ったら

相手のことが本当に好きか分からなくなったり、大切にできなくなったり……いわゆる冷め期かも？　倦怠期かも？　ということがあるかもしれません。

「別れたほうがいいのかな？」そう悩む今日は、「もし、相手が明日いなくなってしまったら？」と想像してみてください。好きな人がもうあなたの隣にはいなくて、笑い合うことも触れ合うこともありません。逆に言えば、ケンカして傷つくことも、もうなくなります。……どうでしょうか？

想像してみることで大切さを再確認できて、また相手に優しくできるかもしれません。逆に「案外いなくても生きていけるかも」と、執着から解放されるきっかけになるかもしれませんね。

状況や他人は関係ない。
〝あなたは〟どちらのほうが幸せになれそう？

COLUMN

唱えるお守り8

「運命じゃなかった」

欲しいものが手に入らなかったり、
選ばれなくっても、
自分を責めたりいつまでも気にしたりはしない。
私は「運命じゃなかっただけ」と思って、
運命を探す新しい旅に出るわ。

PART 9

自分のトリセツを見つける幸せワークチャレンジ

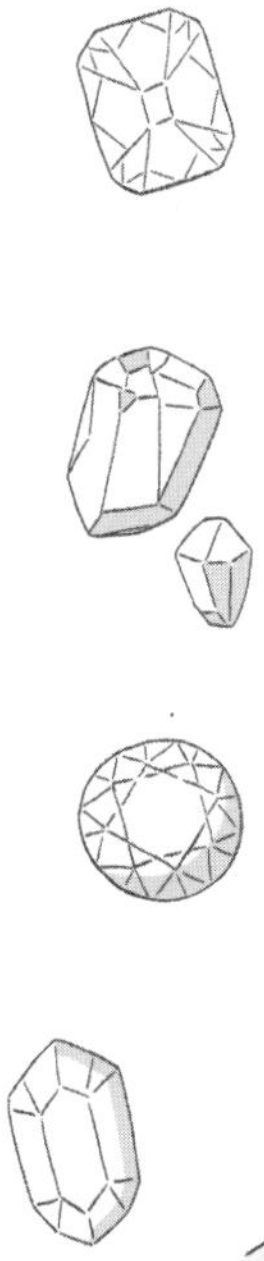

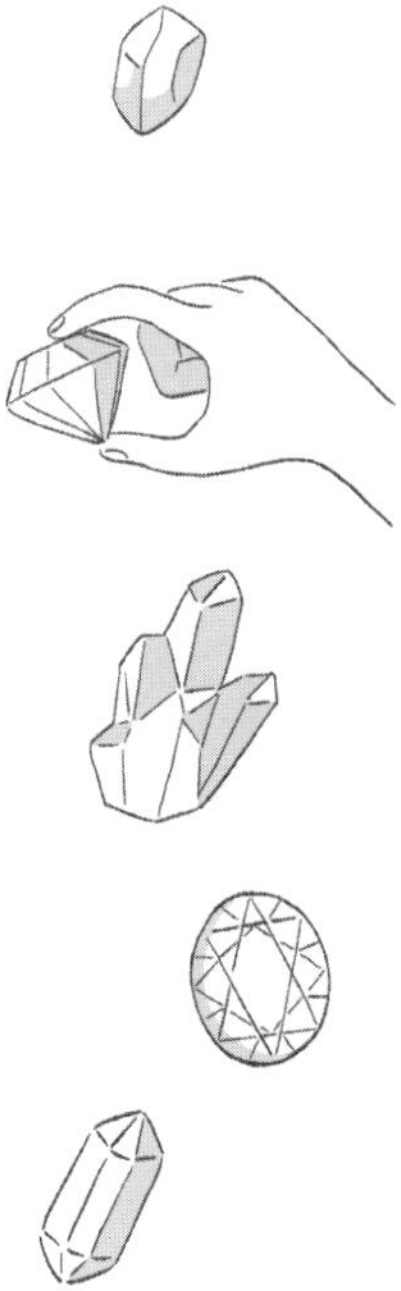

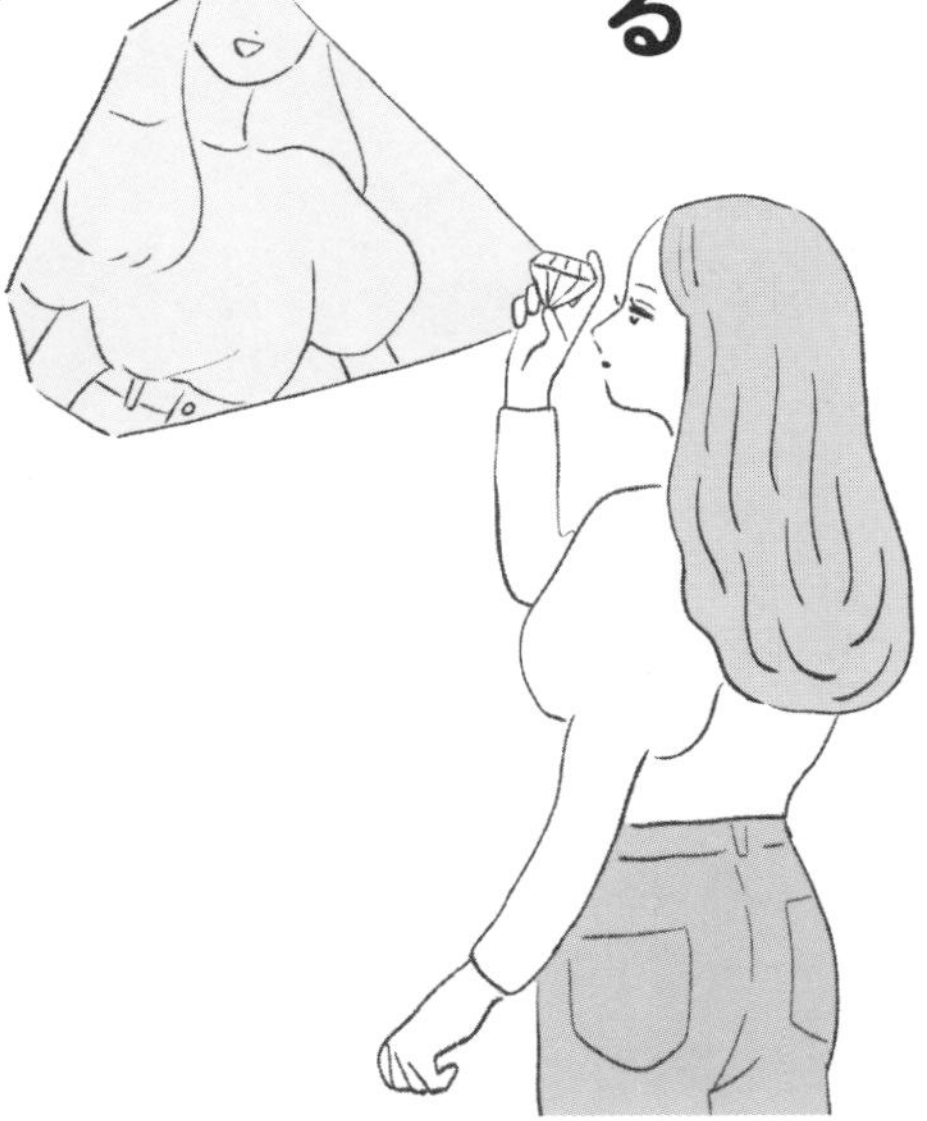

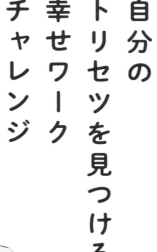

〃人生サークル〃ワークで「なりたい私」を想像する

現状を把握し、理想の状態を明確にする

今の私は、10点満点中、何点かな？　〃人生サークル〃というワークをご存じでしょうか。現状に点数をつけることで、今の自分の状態に対する満足度を可視化し、次に目標の点数を設定するワークです。それにより、自分の理想の状態を明確にしつつ、〃なにで〃〃どこまでいけば理想の状態なのか〃が具体的に分かるようになります。内側には今の満足度。外側には1年後、自分が何点にしたいかを書き入れます。

一気にあれもこれも全て変えることはできませんが、「今はこれを頑張る」という優先順位が分かると、なにから手をつけるべきか、やることがハッキリしてきます。

逆に、意外と現状維持くらいでよいかなというものもあり、自分の本心の発見につながることもあります。自分がなにを重視しているのか、考えを整理してみましょう。

私にしかできないことが、必ずある。

Q. 〝人生サークル〟を記入してみよう。

①内側に、それぞれの項目についての現状の自分の満足度を10点満点で記入しましょう。
②外側に「1年後の理想の点数」を書いてみましょう。

〈 例 〉

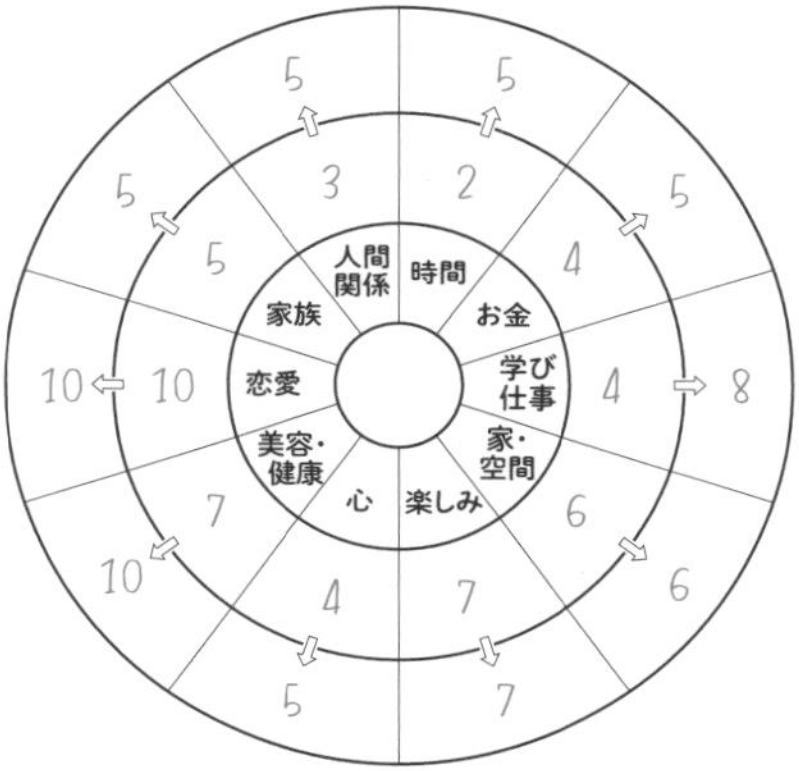

なにに気づいた？
「今は仕事と美容に集中する！」

〈 あなたの人生サークル 〉

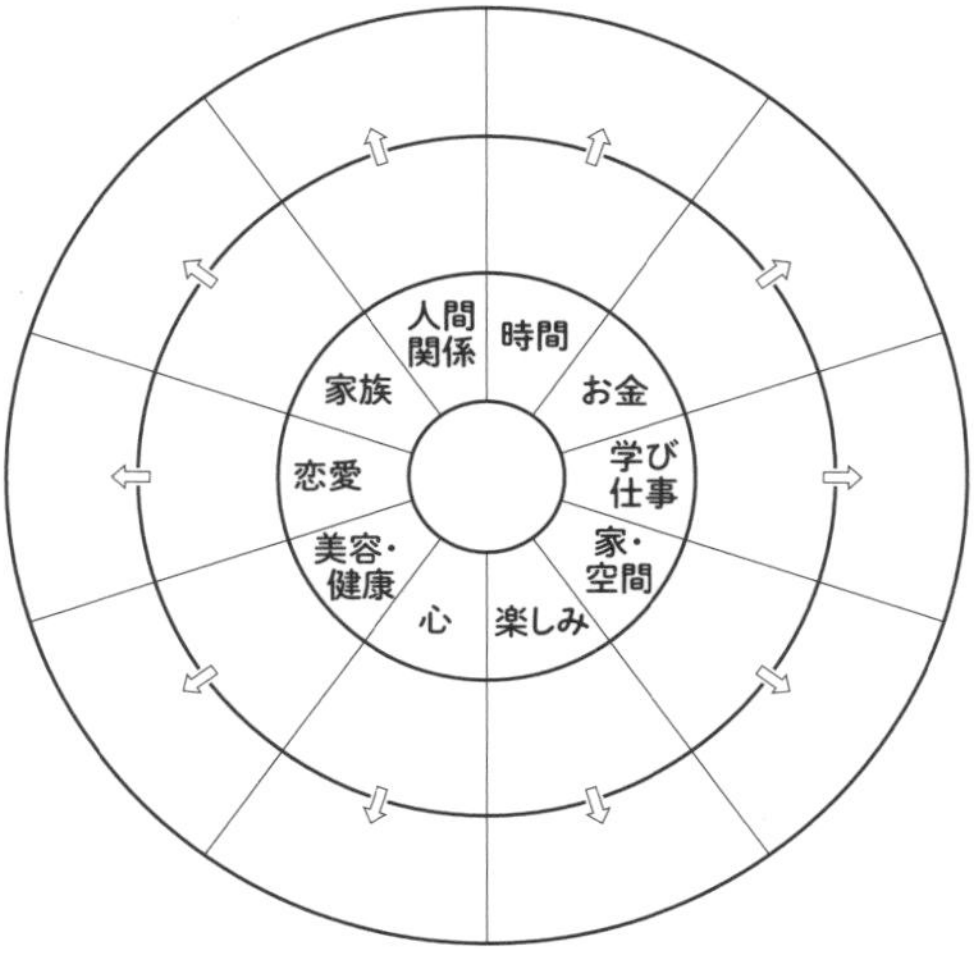

なにに気づいた？
「　」

自分の「良いところ」を周りに聞いてみる

今まで人に褒められたことを思い出す

自分の良いところを探すことは大切ですが、自身を客観視するのはなかなか難しいもの。そこで、友達や恋人、仕事仲間や家族など周りの人に「自分の良いところ」を聞いてみることをおすすめします。私も友人やパートナーに「私の良いところってなに?」「好きなところはどこ?」などと聞いてみたことで、自分では分からなかった魅力に気づくことができました。

たくさん聞いて、左ページの「私にはこんな魅力がある」リストに書き込んでみましょう。目安は最低5~8個です。今まで人に褒められたことを思い出して書くのもよいでしょう。「自分なんて……」と思ってしまった時にリストを見返すことで、「自分にはこんなに良いところがある」と気持ちを変えられるようになるはずです。

「私は天才!」思い込めば本当になる。

Q.「私にはこんな魅力がある」を書いてみよう！

〈 例 〉

すなお
正直

よく
笑うところ

動きが
おもしろい

人を
傷つけない

発想力が
ある

＼＼ 私はこんなに魅力がある！ ／／

〈 あなたの場合 〉

ピンとくる動詞に丸をつけてみよう

自分の〝得意・好き〟の解像度を上げる

苦手なこと、嫌いなことは頑張っても人並みになるのもやっとですが、得意なこと、好きなことを努力すればより早く、より深く上達するでしょう。なんでもできるスーパーマンを目指すより、得意・好きを伸ばして自分らしい才能を発揮したいですね。

そのためにまずは、自分の得意なこと、好きなことを見つけてみませんか？　左ページの「動詞リスト」から得意だな、好きだな、と感じるものに丸をつけてみましょう。あなたの強みが隠れているかもしれません。私はこのワークを行う前「文章が好きだ」と漠然と思っていたのですが、文章を「考えること」や「書くこと」は得意で好きでも、「読むこと」はそうでもないと分かりました。自分の得意や好きの解像度が上がり、夢や仕事、生活に生かせるようになりました。

できないことより、できることを見る！

動詞リスト

好きな動詞に丸をしてみましょう。
思いついたものがあれば書き足してもOKです。

話す　書く　描く　聞く　読む　考える

妄想する　作る　創り出す　歌う　食べる

覚える　調べる　話し合う　集める

整理する　学ぶ　会う　弾く　分析する　動く

歩く　映画を観る　世話をする　助ける

応援する　踊る　指示する　発信する　計算する

etc..

好きな言葉を書き出してみよう

自分が大切にしたい価値観を明確にする

「好きな言葉は？」と聞かれてパッと思いついたワードは、あなたが大切にしているモットーである場合が多いのだそうです。

ぜひ今日は、あなたのモットーを見つけてみませんか？

左ページに、あなたの好きな言葉、心に残っている言葉、人から言われて嬉しかった言葉などを書き込んでみましょう。あなたがなにを大切にしたいのか、人生観・価値観が見えてきますよ。

誰かにバカにされても、自分の大切にしたいことを貫こう。

〈 例 〉

Q. 好きな言葉は?

「自分の常識は他人の非常識」「自由」「みんな違ってみんな良い」
「心躍るほうへ行く」「笑いながら不幸になるのは難しい」

**Q. この言葉を好きな人はどんな人かな?
客観的に考えて書いてみよう。**

視野が広い、独創的、自由を愛する人

〈 あなたの好きな言葉は? 〉

Q. 好きな言葉は?

**Q. この言葉を好きな人はどんな人かな?
客観的に考えて書いてみよう。**

自分のストレス源を明確にする

なにがストレスになるタイプ？

ストレスを感じる場面では、ただじっと耐えるという人も多いでしょう。「ストレス耐性」という言葉もあるように、ストレスに負けないメンタルを作ることが求められるのかもしれませんが、やはり**極力減らす努力をするほうが効率的**です。耐えて溜まったストレスを解消する労力もカットできます。また、ストレス下では人間は本来のパフォーマンスを発揮できません。

自分にとってなにがストレスになるのかを把握し、減らすためになにができるかを、この機会に考えてみましょう。

ストレスは〝耐える努力〟より〝減らす努力〟。

Q. ストレス源と、それを減らすためになにができるかを考えてみよう。

〈 例 〉

場　面：電車、うるさい場所

⇒減らすためにはなにができそう？

ノイズキャンセリングイヤホンをする。

人間関係：干渉される、自由を奪われる

⇒減らすためにはなにができそう？

自由を最優先。

時　間：予定が詰まっているのが嫌

⇒減らすためにはなにができそう？

あえて予定を入れない日も作る。あえて1日に予定をまとめる。

〈 あなた 〉

場　面：

⇒減らすためにはなにができそう？

人間関係：

⇒減らすためにはなにができそう？

時　間：

⇒減らすためにはなにができそう？

「私は私だ」と3回唱える

何者かになろうとしすぎない

「で、君はどこの大学出身なの？」「どんな経験を積んできたの？」「キャリアは？」「専門はなに？」「どんな成績だったの？」「君の肩書はなに？」――そんなふうに言われて、「自分にはなにもない」などと落ち込んでしまった経験はありませんか？

人が人を判断する時、ある程度肩書きという物差しではかられてしまうことは仕方ありません。

しかし覚えていてほしいのは、**肩書きやキャリアがなにもなくても、あなたという存在は無条件に価値がある**ということです。

私もかつては「何者かにならなくてはいけない」と、焦って誰かのマネをしようとしていた時期もあります。しかし「なんだか自分らしくないな」と気づき、意図的に「私は私だ」と自分に言い聞かせました。アファメーションの力でしょうか。今では自分らしく堂々といられるようになりました。肩書きに囚われすぎず、あなたらしく生きていきましょう。

あなたは〝あなた〟という唯一無二の肩書きの持ち主。

短所を長所に言い換えてみる

短所は個性になる

あなたが短所だと思っていることも、言い換えれば他の人にはない「あなたの個性」です。きっと長所にもなりうることだと思うので、左の例を参考に、あなたの短所だと思うところを長所に言い換えてみましょう。よく短所と捉える方が多いことも、左のように捉えたらどうでしょう?

- 傷つきやすい ⇩ 繊細で人の痛みが分かる
- 臆病 ⇩ 思慮深い、考えが深い
- 覚えが悪い ⇩ 人一倍努力できる
- 話すのが苦手 ⇩ 聞き上手になれる
- 優柔不断 ⇩ 慎重、どんなものにも良い側面を見出せる
- 飽きっぽい ⇩ 興味の幅が広い、好奇心旺盛

短所と長所は紙一重。

子どもの頃に好きだった遊び・もの・場所を思い出す

遊び心を取り戻してインスピレーションを得る

大人になると、真面目に、そしてちゃんとやらなければならないことが増えていきます。私自身、20代も後半になったのにもかかわらず、なにもちゃんとできない自分に焦りを感じ、「早く大人にならなきゃ」「みんなはできるのに」と、とても悩みました。大人はなんでもちゃんと完璧にできるものだと漠然と思い込んでいて、なにもちゃんとできない自分はダメな人間なんだと、みるみる臆病にもなっていました。

「ちゃんとしなきゃ！」という思いは、呪いになります。漠然とした「正解」だけを辿ろうとして、がんじがらめになってしまいます。

そんな自分に気づき、ふと子どもの頃に好きだった音楽を聴いたり漫画を読み返したりしてみようと思い立った日がありました。好きだったアイドルの曲、当時流行っていた少女向けアニメの音楽を聴く、舞台を観に行く、少女漫画を読む。

そうするうちに、じわじわと心が解き放たれ、殻が破れたような気がしたのです。「そもそも大人らしさってなんなんだっけ？」「子どもの頃の私も魅力的だったな」「もっとあの頃のように自由にやってもいいのかな」と、肩の荷が下りる思いがしたのです。これこそ、「ちゃんとしなきゃ！」の呪いからの解放でした。大人とはいえ、誰も完璧ではありません。もしかしたら、誰もがみんな〝大人のフリ〟をしているだけで、中身は子どものままなのかも、とも思えたのです。

子どもの頃のほうが、自由で自分らしくて、発想力も豊かですね。**そういう子ども時代のエッセンスを〝遊び心〟として取り入れてみると、仕事や日常のことにブレイクスルーが起きると思うのです。**みなさんも子どもの頃に好きだったものを思い出して、遊び心を取り戻しましょう！

大人はただの大きな子ども。みんなビッグベイビー！

自分の内向型・外向型の割合を考える

自分が陰キャだと思いすぎない

心理学者のユングは、人の性格を外向型・内向型に分類しました。いわく、内向型は心のエネルギーが自分の内側に向かっているタイプで、外向型は心のエネルギーが自分の外に向いているタイプだそうです。どちらが優れているということではなく、その人が持っている興味や関心、なにに対して行動を起こすか・起こさないかの傾向の違いと大まかに説明されます。

外向型は、興味関心が自分の外側の世界にあり、人と交流することが行動のきっかけになるのに対し、内向型は興味関心が自分の内側にあり、自分の考えに基づいた行動を取りたがります。『自分の価値を最大にするハーバードの心理学講義』（ブライアン・R・リトル、大和書房、2016年）によると、内向型と外向型の両面を持つ人も多いそうです。たとえば私は恐らく約8割内向型で、約2割外向型。これを理解してからは、無理に人付き合いをたくさんしようとか、みんなとワイワイしようとか思わなくなり、かなり楽になりました。

自分の特性を知っておくと、無理をしなくて済みます。つまり、「あの人は社交的でいいな」「あの人は自分があっていいな」などと、タイプの違う誰かと比べて落ち込まなくていいですし、「あんな風にしなきゃ」と、無理しなくていいのです。どっちの自分もいてよく、「本当の自分はどっちなの？」と悩む必要もありません。
今日は、「自分はどれくらいの割合かな？」と考えて、左の矢印を塗りつぶしてみましょう。もちろん、決めつけてしまうのももったいないので、自分の特性に合わせて安全地帯を確保しつつ、時々は刺激のあることにもトライするとよさそうです。

どんなあなたも、ホントのあなた。

内向型
感受性が高い
敏感
繊細
一人が落ち着く
静かなところが好き
など
社交的
好奇心旺盛
アクティブ
など
外向型

3年後の自分から今の自分宛に手紙を書こう

未来の自分に励ましてもらう

3年後の自分になったつもりで自分自身に手紙を書いてみましょう。

自分の将来を想像することでワクワクしてきますし、なりたい自分が見えてくると思います。将来に不安もあると思いますが、**「3年後に理想の自分になっている」という想像をしながら、ハッピーなメッセージを書いてみるようにしましょう。**

つらいこともあるし、先行き不安な世の中ですが、きっと3年後のあなたは、「そんな時期もあったね」と笑いかけてくれますよ。

努力はたまに裏切るし、傷つけてくる存在でもあるけれど、忘れた頃にやってきて微笑んでくれたりする。

Dear　3年前の私

3年前の私へ。今は不安なこともあるかもしれないけど自分を信じて突き進んで大丈夫。あの時挑戦してよかったって今は思ってるから！　未来の私が言うんだから間違いないよ？　今までだってずっとそうだったでしょ。結局なんとかなってきた。だから自分を信じて。そして今周りにいてくれるフォロワーさん、パートナーを大切にしてね。そばにいてくれることは当たり前じゃないんだからね！　そうだ、3年後は30代になってるよ。今まで以上に健康も大切にね！

そうなれるようにいまなにをするべきか？　⇒自分を信じて挑戦するのみ！　だけど、今ある大切なものも変わらず大切にする。健康にも気を遣って休むことも忘れない。

書いてみよう
／

Dear

自分の一番好きなところをもう一度考えてみる

ここまでやってみて、あらためて問い直す

自分の嫌いなところが数え切れないほどあったとしても好きなところがたった１つでもあるなら、それを大切にしましょう！

Q. 書いてみよう。

〈例〉私は私の自由な生き方が好き！　自由を大切にします♡

〈あなた〉

全部を愛せなくてもいい。
たった1つでも愛してみることから始めよう。

COLUMN

唱えるお守り9

「可能性のトビラに
鍵をかけない」

自分自身のことを理解することはとっても大切。
だけど、「私はこうだ」と
決めつけてしまうのはもったいない。
自分をよく知ったうえで、少し余裕が出てきたら、
時々冒険に出かけてみよう。
きっとあなたの新たな一面が見つかったり、
思いがけない良い出会いがあるはず。
あなたの中に眠る可能性のトビラは、開放しておこう。

表彰状

あなたは今、100のチャレンジを達成しました。たった1つ取り組めるだけでも素晴らしいのに、毎日できることを積み重ね、ここまでできたあなたは最強！ 神の域です。

もうなにも恐れることはありません。

己の力を信じてください。


自分自身をより良くしようと努力できるあなたなら、この先の人生も上がっていくばかりでしょう。ワクワクしますね！

素晴らしいあなたの存在を讃え、これを表彰いたします。

まゆ姉

おわりに

本書を最後まで読んでくださったみなさま、ありがとうございます。

「最後までは読んでいないよ」「飛ばしまくったよ」というみなさまにも、ありがとうございます。

それでいいんです、それでいいんですよ！

なにかを変えたくて、なにかを得たいと思ってこの本を手に取ってくださったこと。そして、1つでも試してくださったり、心に残ったりしたものがあれば、それだけで大優勝です！　その一歩が素晴らしいのです！　**「1つでも行動した自分を褒めること」――これこそがみなさんに一番やってほしいことです。**

この本にチャレンジするのも、今日からでも1年後からでもいいんです。100個達成するのが10年後でもいいんです。きっとすぐには無理というものもあるかもしれません。

仮に今は斜め読みするだけだったとしても、ふとした時に思い出して「あの本に書いてあったようにやってみようかな」、そう思っていただけたら本望です。本書のチャレンジがあなたの人生の助けになることを心から願っています。

繰り返しになりますが、**できなくても絶対に自分を責めないでくださいね。それが、本書で最も**

してほしくないことです。

たくさん頑張れない時、思うようにいかない時は、この本を思い出してください。「1つでもできることをやればいいんだ！」「小さなことでも意味があるんだ！」――そうして、その時できそうな「なにか」をまたこの本から見つけ出して、思いきり自分を褒める時間としていただけたらとても嬉しいです。

私もまだまだ未熟な人間です。頑張れる日もあればなにもできない日もあって、この本に書いていることができる日もあれば、できない日もあります。私自身もこれからもみなさんと共に頑張っていきたいと思っています。私たちの人生をより良いものにするために、一緒に頑張りましょうね！

最後になりますが、編集を担当してくださり私のワガママを聞いてくださった伊藤瞳さん、イラストを描いてくださった芝りさこさん、素敵なデザインに仕立ててくださったＰＡＳＳＡＧＥの荻原佐織さんをはじめ、本書の刊行にご尽力いただいた関係者のみなさま、ありがとうございました。

そしてなにより読者のみなさまに感謝を申し上げ、ご挨拶の言葉とさせていただきます。

２０２３年９月吉日　まゆ姉

参考文献

・『眠れなくなるほど面白い 図解 ストレスの話』ゆうきゆう（２０２１年、日本文芸社）
・『結局、自律神経がすべて解決してくれる』小林弘幸（２０２１年、アスコム）
・『きちんとわかる栄養学』飯田薫子、寺本あい（２０１９年、西東社）
・『カラダにいいこと大全』小池弘人（２０１５年、サンクチュアリ出版）
・『究極のマインドフルネス』ＤａｉＧｏ（２０２０年、ＰＨＰ研究所）
・『心の容量が増えるメンタルの取扱説明書』エマ・ヘップバーン、木村千里（２０２１年、ディスカヴァー・トゥエンティワン）
・『ボディメイク・ピラティス』森拓郎（２０２３年、ワン・パブリッシング）
・『マインドフルネス瞑想入門』吉田昌生（２０１５年、ＷＡＶＥ出版）
・『人生はニャンとかなる！』水野敬也、長沼直樹（２０１３年、文響社）
・『受かる！　自己分析シート』田口久人（２００８年、日本実業出版社）
・Julian House, Sanford E. DeVoe, and Chen-Bo Zhong. "Too Impatient to Smell the Roses: Exposure to Fast Food Impedes Happiness." *Social Psychological and Personality Science*, Vol.5, Issue5, 2014, pp.534–541.
・Sanford E. DeVoe., Julian House, and Chen-Bo Zhong. "Fast Food and Financial Impatience: A Socioecological Approach." *Journal of Personality and Social Psychology*, Vol.105, No.3, 2013, pp.476–494.
・『資生堂が「肌のセルフタッチで幸福度が増す」ことを解明　ストレスフルな時期こそご自愛する「セルフケア」に注目！』株式会社資生堂、２０２３年4月20日（https://prtimes.jp/main/html/rd/p/000002392.000005794.html）
・栃尾巧、森地恵理子、広瀬統、中田悟、久世淳子『メイクアップは精神的ストレスによる活性酸素消去酵素の活性低下を抑制する』*J. Soc. Cosmet. Chem. Jpn.* Vol.42, No.2, 2008, pp.121–127.
・Erik Peper, I-Mei Lin. "Increase or Decrease Depression: How Body Postures Influence Your Energy Level" *Biofeedback*, Vol.40, Issue 3, 2012, pp.125–130.

まゆ姉《ねえ》

大学卒業後、20代前半はキャバ嬢として働き、No.1となる。引退後「女性応援インフルエンサー」としておよそ3年間活動。2023年会社を設立。オンラインフィットネス事業をはじめ、女性を元気づけることを目指した事業を多数展開している。

「1日《にち》1つ」で人生《じんせい》が変《か》わる
幸《しあわ》せメンタルをつくる100チャレンジ

2023年 9 月26日　初版発行
2024年 4 月15日　 5 版発行

著者／まゆ姉《ねえ》
発行者／山下直久
発行／株式会社KADOKAWA
〒102-8177　東京都千代田区富士見2-13-3
☎0570-002-301（ナビダイヤル）

印刷所／大日本印刷株式会社
製本所／大日本印刷株式会社

●お問い合わせ
https://www.kadokawa.co.jp/（「お問い合わせ」へお進みください）
※内容によっては、お答えできない場合があります。
※サポートは日本国内のみとさせていただきます。
※Japanese text only

定価はカバーに表示してあります。

ISBN 978-4-04-606370-0 C0095